清末民初文獻叢刊

變法奏議叢鈔

[清] 欣賞齋主人 編

朝華出版社
BLOSSOM PRESS

圖書在版編目（CIP）數據

變法奏議叢鈔 / (清) 欣賞齋主人編. -- 北京 : 朝華出版社, 2017.12

(清末民初文獻叢刊)

ISBN 978-7-5054-4125-5

Ⅰ. ①變… Ⅱ. ①欣… Ⅲ. ①政治改革—奏議—匯編—中國—清代 Ⅳ. ①D691

中國版本圖書館CIP數據核字(2017)第281755號

變法奏議叢鈔

作　　者　[清]欣賞齋主人

選題策劃　楊麗麗　尚論聰
責任編輯　劉小磊
特約編輯　齊　芳
責任印制　張文東　陸競贏
封面設計　劉敬偉

出版發行　朝華出版社
社　　址　北京市西城區百萬莊大街24號　**郵政編碼**　100037
訂購電話　（010）68996618　68996050
傳　　真　（010）88415258（發行部）
聯系版權　j-yn@163.com
網　　址　http://zhcb.cipg.org.cn
印　　刷　藝堂印刷（天津）有限公司
經　　銷　全國新華書店
開　　本　880mm×1230mm　1/32　**字　　數**　79千字
印　　張　9.375
版　　次　2017年12月第1版　2017年12月第1次印刷
裝　　別　精
書　　號　ISBN 978-7-5054-4125-5
定　　價　65.00元

出版前言

中國自一八四〇年鴉片戰争以來，傳統的農業文明在西方的堅船利炮轟擊之下徹底被顛覆，有擔當的知識分子苦苦追尋，思索社會改革的途徑。從最初的『師夷長技以制夷』到『民主制度，天下之公理』（梁啓超語），他們發現要『强國富民』，首先要『開啓民智』，衹有民衆擁有了獨立思想和批判精神，國家纔能實現真正的强大。在此後一百年的時間裏（一八四〇—一九四九），思想者們從社會變革深入到國民性的改造，用每一部作品見證着中國近代化的遞變歷程。這是一個極其重要的時代，《清末民初文獻叢刊》正是收録了這一時期的作品，大部分書籍都是早期版本，有着極高的文獻研究價值。

清末的中國經歷了『三千年來未有之大變局』（李鴻章語），大清王朝面對西方列强的艦炮，表現得驚慌失措。尤其是鴉片戰争，使『天朝帝國萬世長存的迷信受到了致命的打擊，野蠻的、閉關自守的、與文明世界隔絶的狀態被打破了』（《馬克思恩格斯選集》）。一批士大夫知識分子，尤其是在歐美諸國擔任使臣或者游歷的知識分子最先覺醒，着眼于對西方國家的考察，進而反省本國政治制度的劣勢，可以視作『啓蒙』的端倪。如曾擔任駐英公使（兼任駐法公使）的郭嵩燾在《使西紀程》中以日記的形式記録了自己對歐西諸國的觀感，他在考察了英國的政治制度之後，發現英國政府官員收入超過三百磅者與普通老百姓一樣同等納稅，他說：『此法誠善，然非民主之國，則勢有所不行。西洋所以享國長久，君民兼主國政故也。』他明確提出了『民主』，在國家的管理問題上，人民也有參與的權利。他在該書中所披露的西方政治、經濟、文化等領域優于大清帝國這一事實觸動了保守派的神經，立刻遭到保守派群起而攻之，進士何金壽彈劾他『有二心于英國，欲中國臣事之』，他家鄉湖南的民衆對他更是痛加詆毀，以至于滿城揭帖，誣蔑他『溝通洋人』，在這種群情洶洶的情況下，朝廷最後下旨將《使西紀程》毁版，從而使該書成了禁書。然而，書雖被毁版，却不能堵死民衆的傳播與閲讀的途徑，上海的《萬國公報》依舊連載該書，張佩綸曾說：『朝廷禁其書，而新聞紙接續刊刻，中外傳播如故也。』從某種意義上來說，啓蒙是時代的需要，盡管清政府發諭旨禁了該書，民衆乃至一些朝廷大員却依舊在私下閱讀，以便瞭解外部的世界。進步的社會是開放性的，任何企圖『閉關鎖國』的努力都意味着歷史的倒退，祇有開放，與整個世界文明保持同等的步伐，纔能實現真正的强國之夢。當大批知識分子走出閉鎖的國門，親歷了文明的洗禮之後，也就把啓蒙的智識帶回了中華大地。容閎的《西學東漸記》，梁啓超的《新大陸游記》，崔國因的《出使美日秘日記》等一大批作品介紹了海外諸國的政治、經濟、軍事、外交、文化。雖然這些作品在認識上仍然帶有時代的局限性，然而却是那時最爲珍貴的聲音。

另一方面，在學術上，中國文化母體内『經世致用』思想與資產階級思想相結合，也喚起了變革，以康有爲、梁啓超爲首的改良派試圖通過自上而下的革新以實現變革。康有爲的《新學僞經考》《孔子改制考》就是借經學之表論資產階級學説之裏的著作，康有爲的弟子梁啓超更是通過《新民説》一書提出國民性改造。與早期啓蒙者『師夷長技』的器物文明引進不同，梁啓超上升到形而上的精神領域，從文化心理上更加徹底地進行變革。梁氏是清朝末年到民國初年一個橋梁式的人物，被譽爲『輿論之驕子，天縱之文豪』，其影響力不但在學術領域，同時還在文學領域，他所倡導的『詩界革命』得到了譚嗣同、黄遵憲、丘逢甲等人的響應，黄遵憲的《日本雜事詩》，丘逢甲的《嶺雲海日樓詩鈔》都體現了這種主張。這一主張要求反映新的時代和新的思想，用『我手寫我口』（黄遵憲語）的方式直抒胸臆，對長期占詩壇主流的擬古主義、形式主義産生了巨大的衝擊，解放了寫作者的心靈和頭腦。

與社會變革同步的是早期對西方思想著作的翻譯，這裏面影響最大的是嚴復，他翻譯的《天演論》《社會通詮》等書直接孕育了民國一代的知識階層。魯迅、胡適等人在文章中都曾提到《天演論》對他們思想所産生的震撼。與嚴復略有不同的另一位翻譯家是林紓，他的譯作雖然參差不齊，但却在更細膩的心靈層次對讀者産生影響，許壽裳曾回憶，他和魯迅都熱衷于林譯的小説，如《巴黎茶花女遺事》《黑奴籲天録》《迦茵小傳》等作品。

辛亥革命之後，進步社會思潮成爲主流，比之清末思想啓蒙者『求存』的追求，民國以來的知識階層深入到了更加細微的肌理，一方面呼喚社會變革，另一方面進行點滴的建設，革命并不能使所有的一切一蹴而就，在更加深廣的領域，事物的改變是由微觀而宏觀。通俗地説，比之于革命，建設的意義更大。如《中國商業史》《中國教育史》《中國倫理學史》《中國哲學史大綱》《中國小説史略》等一大批作品都是進行系統的梳理與建設的理論作品。其中，以胡適和魯迅二人的影響最大，他們的作品一紙風靡，從而成爲新文化運動的主力人物。

《清末民初文獻叢刊》收録的文獻大致上可以分爲三個階段，其中龔自珍、張之洞、魏源、郭嵩燾、薛福成等人的作品可視爲『早期啓蒙』，康有爲、梁啓超、黄遵憲、嚴復、林紓等人的作品可視爲『中期啓蒙』，胡適、魯迅、蔡元培等人的作品可視爲『晚期啓蒙』。當然，這種劃分并非嚴格意義上的，大部分啓蒙思想者隨着時代的變化，其思想在不斷進步。縱觀整個近現代史，可以發現，要求變革不是在某一個領域，由某一類人發起和完成的，而是全社會的要求。

變革，已經成爲全社會的共識。

從清末民初的文獻中，我們能够發現一種豐富性。這些作品涉及政治、經濟、軍事、教育、外交、宗教、心理、情感等方方面面，從内而外地净化着中國兩千年以來的封建積習。它不衹是對社會的改造，更是對人心靈的重塑；它首重國家社會之建設，同時亦重靈魂心智之喚醒；它是宏大的，也是微觀的；它是嚴肅莊重的，也是活潑靈動的；這些作品結構精巧，思想内容深刻，擁有濃厚的人文主義色彩，對推動社會主義建設，實現中國夢有重大意義，是近現代中國一百年來最宏富的智識與情感的寶藏。因此，整理這些文獻作品，無論是出于資料保存的目的，還是爲圖書館提供資料副本，都有不可估量的意義。

特定時代下的文獻，當它一旦形成（既指草擬，創作的完成，也指其成爲一個載體），就不可再複製了，也就意味着它將面對消亡。對于文獻資料而言，越接近歷史事件發生的時代記録，越具有研究價值。文獻本身具有不可再生性，它衹會消亡，而不會增多。盡管文獻本身的文字可以保留下來，并進行傳播，却失去了當時的時代氣息。當時的作品可能在技巧上，文字的成熟度上不及當代，但它所負載的信息，創作者的情感都反映了當時的歷史，也就是説，它具有不可替代的歷史意義。

影印的版本有三個特點，第一是擁有文獻的『原始性』；第二個特點是『未經改動的』；第三個特點是『歷史的原貌』。所謂『原始性』，也就是説，它是第一手資料，而非轉述的，回憶形成的；『未經改動的』，是指未被篡改、删節、挖補的；『歷史的原貌』是指在影印製作過程中，完全依照文獻的原來模樣……這樣製作出版的作品，無异延續了文獻的壽命。

近現代思想史上的一個最重大的思潮就是『開放』，從林則徐的『開眼看世界』到蔡元培的『兼容并包』，都是在倡導一種開放式的胸襟。而《清末民初文獻叢刊》最有魅力的部分就是『開放』這一主題，祇有融入到世界文明發展的進程中，中華文明纔能歷久彌新。

《清末民初文獻叢刊》編委會

二〇一七年四月十四日

凡例

一、《清末民初文獻叢刊》（以下簡稱『叢刊』）爲影印本，舉凡所用之底本，均爲該書之早期版本。有清末刊本，亦有民國印本。

二、《叢刊》均依底本影印，未予删改；原刊本有誤，不予校改，以保留文獻之原貌。

三、《叢刊》所用之底本，因時日久遠存在漫漶的情況，均進行了修復；底本闕文、印刷不清，均保留原貌。

四、爲讀者閱讀之便，《叢刊》中之舊底本目録未標記頁碼者，編了目次；原底本有頁碼和目録，未予重複編目。

五、爲保持文獻的原始風貌，影印本保留了原書書影（原書爲多册，則保留第一册書影）、扉頁等信息。所用底本無相應信息者，則不予妄添，以免錯訛。

目録

變法奏議叢鈔

自 朝廷飭議新政之 旨下京內外各大臣無不直抒己見切實瀝陳其間雖有數摺或已散見各報章然先後參差翻閱者殊多缺憾本齋用特檢齊各摺稿一併彙鈔悉心校對用西法石印成書以供有志本齋願為開風氣起見故取價極廉非年前者比也想留心時局者必當先覩為快也時在辛丑秋仲中浣

欣賞齋主人識於更新室

[seal]

變法奏議叢鈔

目錄

皖撫王覆奏洋務事宜摺
署浙撫余覆奏變法摺
御史陳奏陳治要摺

江督劉鄂督張會奏條陳變法第一摺

奏為變通政治人才為先遵

旨籌議奏陳仰祈

聖鑒事竊臣等欽奉光緒二十六年十二月初十日

上諭法令不更錮習不破欲求振作當議更張著軍機大臣大學士六部九卿出使各國大臣各省督撫各就現在情形參酌中西政要舉凡朝章國故吏治民生學校科舉軍政財政當因當革當省當併或取諸人或求諸己如何而國勢始興如何而人才始出如何而度支始裕如何而武備始修各舉所知各抒所見通限兩個月詳悉條議以聞等因欽此仰見

我

皇上懲災多難必欲掃積習以濟時艱感泣之餘且愧且奮臣等嘗聞之周易乾道變化者行健自強之大用也又聞之孟子過然後改困然後作動心忍性增益所不能者生於憂患之樞機也上年京畿之變大局幾危其為我中國之憂患者可謂鉅矣其動忍我

君臣士民之心者可謂深矣窮而不變何以為國然則修中華之內政采列國之專長

聖道執中洵為至當惟是中國貧弱廢弛之弊或相沿百餘年或相沿二千餘年一旦欲大加興革必須規畫周詳確有下手之處然後血氣生而宿痾自去痿痺決而元氣可支竊謂中國不貧於財而貧於人才不弱於兵而弱於志氣人才之貧由於見聞不廣學業不實志氣之弱由於苟安者無履危救

亡之遠謀自足者無發憤好學之果力保邦致治非人無由謹先就育才興學之大端參考古今會通文武籌擬四條一曰設文武學堂二曰酌改文科三曰停罷武科四曰獎勸遊學敬為

聖主陳之

一設文武學堂　取士之法自漢至隋為一類自唐至明為一類無論或用選舉或憑考試立法雖有短長而大意實不相遠漢魏至隋選舉為主而亦間用考試如董晁郄杜之對策是也唐宋至明考試為主而亦參用選舉如温造种放之徵召是也要之皆就已有之人才而甄拔之未嘗就未成之人才而教成之故家塾則有課程官學但憑考校此皆與三代學校之制不合現行科舉章程本是沿襲

江督劉鄂督張會奏條陳變法第一摺　二

前明舊制承平之世其人才尚足以佐治安民今日國蹙患深才乏文敝若非改絃易轍何以拯此艱危然而中國見聞素狹講求無素即有考求時務者不過粗知大略於西國政治未能詳舉其章西國學術未能身習其事現雖舉行經濟特科不過招賢自隗始之意只可為開闢風氣之資而未必遽有因應不窮之具考周官司徒之職小戴禮學記之文大率皆以德行道藝兼教并學學成而後用之此外見於經傳者鄉國之學皆兼六藝大夫之職必備九能書禮干戈司成並教寄象鞮譯王制分官海外圖經伯益所傳潤色專對論語所重又按三代之制庠序之稱曰士卒伍之稱亦曰士實為文武合一文武並重之明徵若孔子兼通文武學於四裔尤聖人躬行垂教之彰彰者

此後漢舉使才唐采回秝隋志經籍多收方言明初文科
亦兼騎射欽惟我
朝康熙年間測天造礮皆用西人
內府地圖創用西法之經緯綫此圖所刻銅板即用東洋銅板
之陰陽文尼布楚界碑兼用三體文字乾隆年間西域同
文志兼列清漢蒙古西番托忒回部之書至於
內廷功課八旗授官皆係文武兼習
祖宗舊制洵足為萬代法程今泰西各國學校之法猶有三代遺意禮
失求野或尚非誣其立學教士之要義有三一曰道藝兼
通二曰文武兼通三曰內外兼通其教法之善有四一曰
求講解不責記誦一曰有定程亦有餘暇一曰循序不躐
等一曰教科之書官定頒發通國一律大小各學功有淺
深竟無歧異其考校進退章程皆用[illegible]國學積分升舍

之法才能優絀切實有據既不虞試官偏私亦不致摸索偶誤故其人才日多國勢日盛德之勢最強而學校之制惟德最詳日本興最驟而學校之數在東方之國為最多興學之功此其明證其學校教法大率少年者先入小學堂先教以淺近文理算法史事格致之屬小學堂又分初等高等兩種小學成後選入中學堂所學門類甚多名曰普通學如國教格致算學地理史事繪圖體操兵隊操本國行文法外國言語文字行文法等事皆須全習惟外國文字只兼習一國無論大小學堂皆有講國教一門皆有學兵隊之操場日本之教科名曰倫理科所講皆人倫道德之事其大義皆本五經四書普通學畢業後發給憑

升入高等學堂習專門之學自此以後然後文武分途或
文或武聽其便惟文武皆必先習普通至專門之學習文
事者名高等學校英分經教法醫化工六科又另設專門
農商鑛學法與英略同德又另設專門工學日本高等學
校亦分六門一法科二文科三工科四理科五農科六醫
科每科所習學業各有子目其餘專門各有高等學校查
日本門目與中國情形較近歐美無學不兼講西教日本
無學不兼講倫理習武備者名士官學校略分地理戰史
戰法軍械測繪工程經理軍醫八門兼習外國文字兵式
體操兵隊操行軍操射的擊刺乘騎游水等事射的即槍
礮打靶擊刺即短刀刺槍互擊習文字者高等學校畢業
後發給憑照略如中國舉人分類量能而授以官其願再

學者升入大學校大學校畢業領照者略如中國進士習武備者普通畢業後先入營練習半年方入士官學校士官學校畢業後仍須入營練習三年方為畢業第一年學為兵第二年學為弁第三年即在其營內充弁其弁亦名下士官其分際略如中國把總外委額外此堂畢業後發給憑照其國家即用為各軍少尉自少尉以上皆名士官大尉中尉少尉略如都司守備千總自官少尉以後可在本營敘勞升轉若僅由充兵出身者官至特務曹長為止曹長略如把總僅由士官學校出身者官至大佐為止大佐略如副將中佐少佐如叅遊若欲為大將中將少將者仍須升少佐中佐後再入陸軍大學校三年習水師者名海軍大學校其海陸大學校體制與文事大學校同大將

如統兵大臣中將少將如提鎭以上所舉皆日本官名取
其易曉各國學制教法節目雖有小異用意事事相同其
大中小學之年限無論文武大率三四五年不等等級漸
深者子目亦漸加多其東西各國今昔章程微有不同者
大約西繁而東簡西遲而東速昔專壹而今變通如西國
馬上不放火槍〔日本近三年始於馬上操槍之類其學校
監督皆用武官爲之以武官於禮節規矩最爲謹嚴詳密
文職偶有脫略武官斷不通融此外國學校教士官人之
大略也臣等謹參酌中外情形酌擬今日設學堂辦法擬
令州縣設小學校及高等小學校童子八歲以上入蒙學
習識字正語音讀蒙學歌訣諸書除四書必讀外五經可
擇讀一二部家塾義塾悉聽其便由紳董自辦官勸導而

稽其分數每年報聞上司可也十二歲以上入小學校習普通學兼習五經先講解後記誦但解經書淺顯義理兼看中外簡略地圖學粗淺算法至開立方止學粗淺繪圖法至畫出地面平形止習中國歷代史事大略

本朝制度大略習柔軟體操三年而畢業紳董司之官考察之十五歲以上入高等小學校解經書較深之義理學行文法學為策論詞章看中外詳細地圖學較深算法至代數幾何止學校深繪圖法至畫出地上平剖面立剖面水底平剖面止習中國歷史大事外國政治學術大略習器具體操兼習外國一國語言文字之較淺者此學必設兵隊操場三年而畢業官司之紳董佐之畢業後本管府考之分數及格者給予憑照作為附生送入府學校分數欠者留

學府設中學校十八歲高等小學校畢業取為附生者入
中學校習普通學其有監生世職職銜願入普通學者亦
聽但須酌捐學費與附生一律教課其有營弁營兵文理
通暢能解算法繪圖考驗有據者亦准收入此學溫習經
史地理仍兼習策論詞章並習公牘書記文字學精深算
法至弧三角航海駛船法止學精深繪圖法至測算經緯
度行軍圖目揣遠近斜度止習中國歷史兵事習外國歷
史律法格致等學外國政治條約即附於律法之內并講
明農工商等學之大略習兵式體操兼習外國一國語言
文字之較深者詞章一門亦設教習學生願習與否均聽
其便弁兵入學者專學策論免習詞章此學亦必設兵隊
操場三年而畢業學政考之給予憑照作為廩生送入省

城高等學校省城應設高等學校一區大省容二三百人
中小省容百餘人屋舍不便者分設兩三處亦可但敎法
必須一律非由中學校普通學畢業者不能收入擬參酌
東西學制分為七專門一經學中國經學文學皆屬焉二
史學中外史學中外地理學皆屬焉三格致學中外天文
學外國物理學化學電學力學光學皆屬焉四政治學中
外政治學外國法律學財政學交涉學皆屬焉五兵學外
國戰法學軍械學經理學軍醫學皆屬焉六農學七工學
凡測算學繪圖學道路河渠營壘製造軍械火藥等事皆
屬焉共七門各認習一門惟人人皆須兼習一國語言文
字此學亦必設兵隊操場至醫學一門以衛生為義本為
養民强國之一大端然西醫不習風土中醫又鮮真傳止

可從緩惟軍醫必不可緩故附於兵學之內並另設農工商鑛四專門學校各一區專以考驗實事為主機器藥料試驗場皆備亦三年而畢業其普通學成願入此四學者聽入此四學者中國經學文學皆令溫習無論何學皆有兵隊操場其習武者專設一武備學校擇普通畢業之稟生願習武者送入四書中國歷史策論人人兼習其餘悉依外國教課之法并專習一國語言文字或仿日本并設一礮工學校專學製造槍礮之法均三年而畢業文學生高等學校畢業後除農工商鑛專門四學另為章程外此七門學生學律法者派入交涉局學習實事名曰練習學生學兵法者派入各營學習實事亦名曰練習學生其餘五門學生均隨其所願派入農工商鑛等局兼習實事名

曰兼習學生均以實在局在營一年為度農工商鑛四專門學三年畢業後農學派赴本省外縣山鄉水鄉考驗農業工學派赴本省外省華洋工廠考驗製造商學派赴南北繁盛口岸考驗商務鑛學派赴本省外省開鑛之山煉鑛之廠考驗采煉均名曰練習學生亦均以實在出外遊歷練習一年為度其武學生武備學校畢業後令入營學習操練一年半年充兵半年充弁以實在營一年為度合計在學肄業及出外練習文武各門均四年學成先由督撫學政考之再由主考考之取中者除送入京師大學校外或即授以官職令其效用大學校學業又益加精門目與省城所設高等專門學校同三年學成會試總裁考之取中者授以官此大中小學教法門目等級年限之大略

也其考用之法高等小學學成者本管知府考之普通中
學學成者學政考之均不彌封縣送府考府送學院考均
須詳注分數知府學政考取榜示亦須注明分數不准渾
淪取進高等專門學成者督撫學政分文武兩途考之應
分幾場臨時酌定取者作為優貢武者作為武優貢其文
事由他途徑入普通中學洊送農工商鑛四專門學非由
生員者及由普通中學畢業徑入四門專學非由高等學
畢業者其武事由弁兵徑送入普通學非由生員者一併
准其與考其優貢所取人數視本省中額加倍
欽派考官會同督撫學政亦分文武兩途考之應分幾場臨時酌
定考其專門之學及各國語言文字非優貢不得與考大
率督撫學政所取優貢即係錄送鄉試之意應試人少且

諸學有須面試者勿庸糊名易書考中者作為舉人其非
由生員出身及非由高等出身者作為副榜擇其中式前
半若干名分別送入京城文武大學校所以止送一半入
大學校者一為京師大學若欲全容天下舉人費用過多
故減半送京以節經費一為分半就職俾得及時效用以
應目前急需其有未獲送入大學校者及已經送京而不
願入大學校願就職者聽其未送大學校而不願就職自
願留學以待下科者亦聽就職者文授以七品小京官及
六七品佐貳首領分部分省候補或充各局委員武授以
守備千總等官發營差委考官照學政例准帶幕友二三
人同考官由外省酌量訪求聘委不拘官階亦不必本省
人員京城設文事大學校水軍陸軍大學校各一學業又

益加精門目略與省城專門學校同學成者

欽派總裁大臣考之作為進士

廷試後文授以部屬知縣等官武授以都司守備等官均令分

部分省分標候補優其序補班次勿庸歸選如

朝廷需用編書修史應奉文字之詞臣宿衛

禁廷之侍衛應隨時聽候

諭旨考選不在科舉常例之內統計自八歲入小學起至大學校畢業止共十七年計十八歲為附生二十一歲為廩生二十五歲為優貢舉人二十八歲為進士除去出學入學程途考選日期外亦不過三十歲內外較之向來得科第者并不為遲此大中小學層遞考取錄用之大略也其取中之額即分舊日歲科考取進學額以為學堂所取生員之

額分鄉會試中額以為學堂所中舉人進士之額優貢應請新定學堂之額大率比本省中額加倍而略多初開辦數年學堂未廣取中尚少前兩科每科分減舊日中額學額三成第三科每科分減舊額四成十年三科之後舊額減盡生員舉人進士皆出於學堂矣至日久才多以後應仿各國章程視其學業分數以為中額之多少并可不拘定額以昭核實而資策勵總須較舊額之數有增無減此學堂取中額數移撥舊額日後并不限以定額之大略也或謂廢八股則人不讀經書不尊聖賢不宗理學不知八股始自前明自漢至宋皆無八股何以傳經衛道代有名儒忠孝節義史不絕書即如周程張朱乃理學之宗主其時未嘗有八股也或謂廢八股則人不能為文不知文章

之美者莫如春秋之左國戰國之諸子兩漢之馬班唐宋之八家其時未嘗有八股也或謂廢八股則舊日專攻帖括者無進身之路不知歷來擅長八股諸名家亦必係學贍才敏文筆優長之士其最著者前明如唐順之歸有光
國朝如韓菼方苞輩即不由場屋豈患無自見之學登進之階故能為好時文者考試策論固屬優為兼習諸學亦非難事無論少年易於改業即二十五歲以上至五十歲者除外國語言精微算法外何事不能通曉若從此三科十年以後不能中式而又不能改習諸學則斷非有才有志之人
國家取之無益於用然此輩仍可為小學中學經書詞章之師其衰老不第而學行尚有可取者可由督撫學政訪察考選

朝廷優予體恤六十歲以上者酌給職銜五十歲以下者廣設
其途分别舉貢生員用為知縣佐貳雜職詳見酌改文科
專條似亦足以安宿儒而慰寒畯矣捐納既停即中等儒
生豈患無出路哉此裁減舊日學額中額仍將從前舉貢
生員分别録用之大略也論外國設學之定法自宜先由
小學校辦起層累而上以至中學高等學大學方為切實
有序惟經費太絀師範難求只可剴切勸諭竭力陸續籌
辦若必待天下徧設數萬小學數百中學然後升之高等
學大學而教之用之至速亦須十年時事日棘人不我待
刻舟膠柱必致空言誤事今日為救時計惟有權宜變通
先自多設中學及高等學始選年力少壯通敏有志之生
員迅速教之先學普通緩習專門應各就省城及大府酌

量情形遲速籌辦以資目前之用取才由粗入精立法由疏入密凡事何莫不然將來小學林立中學亦多則循序漸進取才既裕而教法亦不勞矣查三十歲而入官科名不得為晚自就學以至學成十七年而成文武兼備之人才造就不得為遲惟事急需才恐難久待查日本文武各種學校皆有速成教法於各項功課擇要加功於稍緩者量加省減刻期畢業應請

旨飭出使大臣李盛鐸切託日本文部參謀部陸軍省代我籌計酌擬大中小學各種速成教法以應急需此權宜救急先設普通中學暨采訪速成教法之大略也惟成事必先正名三代皆名學校宋人始有書院之名宋大儒胡瑗在湖州設學分經義治事兩齋人稱為湖學並未嘗名為書院

今日書院積習過深假借姓名希圖膏火不守規矩動滋事端必須正其名曰學乃可鼓動人心滌除習氣如謂學堂之名不古似可即名曰各種學校既合古制且亦名實相符總之中華所以立教我

朝所以立國者不過二帝三王之心法周公孔子之學術今宗旨則不悖經書學業則兼通文武特以世變日多故多設門類以教士取其周知四國博學無方正與經傳所載三代教士取人之法相合看似無事非新實則無法非舊且經史詞章仍設專門學人文人皆有自見之路何得以唐人專致詞章之下策前明八股之俳體視為儒者正宗哉臣等所擬以上辦法不過明宗旨標門類分等級計年限籌出路除防礙舉其大略如此至於詳細章程究應如何

斟酌損益之處應候
敕議裁定此一事為救時首務振作大端伏望我
皇上思危慮患飭取日本學校章程迅速詳議
乾斷施行收人心以固國基四海瞻仰首在此舉矣
一酌改文科　科舉一事為自强求才之首務時局艱危至
此斷不能不酌量變通半年來諮訪官紳人士衆論僉同
兩廣督臣陶模山東撫臣袁世凱咨來奏稿言之甚為懇
切改章大旨總以講求有用之學永遠不廢經書為宗旨
擬即照光緒二十四年臣之洞所奏變通科舉奏
旨允准之案酌辦原奏乃係酌採古今求實崇正力駁侈談新學
者之謬論不過原本舊章力求核實而已大略係三場先
後互易分場發榜各自去取以期場場核實頭場取博學

二場取通才三場歸純正以期由粗入精頭場試中國政治史事二場試各國政治地理武備農工商法之類三場試四書五經經義經義即論說考辨之類也頭場十倍中額二場三倍中額原奏經禮部通行陝西有案可查惟聲光化電等學場內不能試驗擬請删去此條原本朱子救弊須兼他科目取人之意歐陽修隨場去留鄙惡乖誕以次先去之法而又略仿現行府縣覆試童生學政會考優貢之章且可免寒士之候榜艱難考官之疲勞草率似乎有益無弊簡要易行竊惟今日育才要指自宜多設學堂分門講求實學考取有據體用兼賅方爲有裨世用惟數年之內各省學堂不能多設而人才不能一日不用即使學堂大興而舊日生員年歲已長資性較鈍不能入學堂

者亦必須為之籌一出路是故漸改科舉之章程以待學堂之成就似此辦法策論乃諸生所能史學政治時務乃三場策題所有考生斷不致因改章而閣筆科場更可因改章而省費而去取漸精學業漸實所得人才固已較勝於前矣茲擬將科舉略改舊章令與學堂並行不悖以期兩無偏廢俟學堂人才漸多即按科遞減科舉取士之額為學堂取士之額其穎敏有志者必以漸次改業歸入學堂其學優而年長者文平而品端者儘可寬格收羅量材録用或取作副榜多取數名或令充歲貢倍增其額或推廣大挑每科一次或挑作謄録令其議敘有資或舉人比照孝廉方正生員比照已滿吏准其考職令其入官效用宜彙總核計以上各途推廣録用之數足以抵每科減額

之數則舊日專習時文者亦尚有進身之階十數年以後奮勉改業者日多株守沈淪者日少且仍可為小學堂中學堂經書詞章之師其衰老者可從優賞給職銜總之但宜多設其途以恤中才之寒畯而必當使舉人進士作為學堂出身以勵濟世之人才只可稍寬停罷場屋試士之期而不可使空疏無具者永占科目之名果使捐納一停則舉貢生員決不患其終無出路此則兼顧統籌潛移默化而不患其窒礙難行者也

一停罷武科　文武兩科並稱而兩科之輕重利弊迥然不同國家任官求才無論章程如何總之必用讀書明理之士因近年帖括之士有文無實故改章以求實學先略改科舉章程以取已有之人才次廣設學堂以教未成之人

才他日專門學成體用兼備仍是此等讀書明理之人其法小變其意仍同若武科則不然硬弓刀石之拙固無益於戰征弧矢之利亦遠遜於火器至於默寫武經大率皆係代倩文字且不知無論韜略以故軍興以來以武科立功者概乎其未有聞凡武生武舉武進士之流不過恃符豪霸健訟佐鬭抗官擾民既於國家無益實於治理有害此海內人人能言之無待 臣等之煩言者也或謂武生等可使改習槍炮不知利器散布民間流弊太大實無防察之法萬不可行或謂武生等可使入武備學堂肄業不知學堂定法無論水師陸師皆必須曾讀書通文理若不識文字者雖有西師善教精者不能解粗者不能記斷無受教之地或謂武科所以收強梁不馴之人才不知凡應武

試者大率小康之家子弟椎魯遊蕩不肯讀書乃使之習武以博科目之榮其弓馬衣裝之費較之文生為多故世俗有窮文富武之謗夫取士求將本欲得良善守法之士教以禮義授以技能以備干城腹心之用豈有搜羅不逞加虎以冠且天下盜賊會匪亦多矣豈武科所能網羅者哉今日勇營甚多其材武有力之輩皆可容納何藉武科或謂古今名將未必盡能知書不知古之孫吳韓岳戚繼光今之羅澤南王鑫彭玉麟等何一非學古能文之士閒有不學問而為名將者多由歷閱而來故兵勇起家為良將者有之然在今日已不能與强敵角勝若應武科者平日所習皆與兵事無涉既不曉槍礮之精復不諳營陣之法及取中武科年齒已長習氣已深循資數年即可為參

進都守何所謂閱歷哉查

國家官制武職以營伍為正途八旗世家無非兵籍此時講求兵事必須武學西操相資為用其學堂畢業入營操練精熟者自必予以出身洊擢官職將來內而禁衛外而將校皆可於此取之考拔擢用之法另詳專條若仍以循舊之武科濫廁右職殊於講武勵才之出路有妨近年自故督臣沈葆楨以後中外大臣言武科改章者甚多蓋久已共知其弊臣等擬之今日時勢武科無益有損擬請

宸斷奮然徑將武科小考鄉會試等場一切停罷其舊日之武進士武舉兵部差官一律發標學習考察人材酌量委用補署不必拘資挨次選補實缺武生年壯有志者令其講求武學以備應募入伍之用疲老者聽其改業如此則學堂

講武學者營弁精操練者在標有戰功勞績者登進之途較寬必皆鼓舞奮興而將校皆有實用此誠自强講武之一大關鍵也

一奬勸遊學　學堂固宜速設矣然而非多設不足以濟用欲多設則有二難經費鉅一也教習少二也求師之難尤甚於籌費天下州縣皆立學堂數必逾萬無論大學小學斷無許多之師是則惟有赴外國遊學一法查外國學堂法整肅而不苦教知要而有序為教師者類皆實有專長其教人亦有專書定法凡立一學必先限定教至何等地位美定幾年畢業總計此項學業共須幾年若干時刻方能教畢按日排定每日必作幾刻工夫定為課程一刻不曠如期而畢故成效最確學生亦願受教而教法尤以日

本為最善文字較近課程較速其盼望學生成就之心至為懇切傳習易經費省回華速較之學於歐州各國者其經費可省三分之二其學成及往返日期可速一倍江鄂等省學生在日本學堂者多故臣等知之甚確此時宜令各省分遣學生出洋遊學文武兩途及農工商等專門之學切須分門認習但須擇其志定文通者乃可派往學成後得有憑照回華加以覆試如學業與憑照相符即授其等第作為進士舉貢以輔各省學堂之不足最為善策此時日本人才已多然現在歐州學堂附學者尚數百人此舉之有益可知并宜專派若干人入其師範學堂專學師範以備回華充各小學中學普通教習尤為要著再官籌學費究屬有限擬請

明諭各省士人如有自備資斧出洋遊學得有優等憑照者回華後覆試相符亦按其等第作為進士舉貢如此則遊學者衆而經費不必盡由官籌蓋遊學外國者但籌給經費而可省無數之心力得無數之人才已可謂善策矣若自備資斧遊學者准按憑照優奬錄用則經費并不必多籌尤善之善者矣

此四條為求財圖治之首務其間事理皆互相貫通互相補益故先以此四事上陳蓋非育才不能圖存非興學不能育才非變通文武兩科不能興學非遊學不能助興學之所不足揆之今日時勢倖無可倖緩無可緩仰懇

宸衷獨斷決意施行其間條目章程自須詳議而大綱要旨無可遊移其有為因循遷就之說者惟賴

朝廷堅持勿為其所搖奪其餘各條另摺奏上臣等往復商酌
意見一切相同未便各自具摺轉嫌雷同重複謹合詞恭摺
覆陳伏祈
皇太后
皇上聖鑒謹
奏

江督劉鄂督張會奏條陳變法第二摺

奏為遵
旨籌議變法謹擬整頓中法十二條恭摺續陳仰祈
聖鑒事竊臣等籌擬興學育才四條業經會同奏陳在案竊惟治
國如治疾然陰陽之能為患者內有所不足也七情不節然
後六氣感之此因內政不修而致外患之說也療創傷者必
先調其服食安其藏府行其氣血去其腐敗然後施以藥物
針石而有功此欲行新法必先除舊弊之說也蓋立國之道
大要有三一曰治二曰富三曰強國既治則貧弱者可以力
求富強國不治則富強者亦必轉為貧弱整頓中法者所以
為治之具也采用西法者所以為富強之謀也謹將中法之
必應整頓變通者酌擬十二條一曰崇節儉二曰破常格三

曰停捐納四曰課官重祿五曰去書吏六曰去差役七曰恤
刑獄八曰改選法九曰籌八旗生計十曰裁屯衛十一曰裁
綠營十二曰簡文法兹備
朝廷采擇臚陳於左
一崇節儉　昔春秋傳記衛文公之興國也農工商學諸善
政無一不舉而首先書之曰大布之衣大帛之冠是知國
家當多難之際創痛之餘欲求振興未有不以節儉為先
務者後世若漢晉隋唐宋之令主皆以儉約著稱遂興其
國伏讀我
聖祖仁皇帝庭訓格言服澣紬之衣無兼味之饌省宮女之數內殿一
氈用至四十年宮闈一年之費只抵前明一月儉德昭垂
遂以戡亂致治今京畿彫殘秦晉饑饉賠欵浩大民生困

窮以後更不知如何景象此時若欲挽回天意激勵人心
非朕損寅畏力行節儉不可竊見自
兩宮西幸以來備嘗艱難力戒糜費今年又奉
明旨裁省例貢並戒蹕路虛糜仰見
聖心乾惕震恐此誠自強之基誠慮回京以後所司以相沿成例
一切供奉仍照成規不能仰喻
宸衷贊成盛德擬請
明降諭旨力行節儉始自
宮廷所有不急之務一切停罷無益之費一切裁減即不能不
興之工務從儉省核實內務府諸臣再有營私糜費者必
重懲之並請
諭飭內外大小臣工務從節儉力禁奢華所有宮室輿服力求樸

素應酬讌會勿得浮縻上官歲時之供億一概禁絕督撫
巡閱學政按試以及一切馳驛過境之貴官要差所有舟
車館舍厨傳供張嚴禁華侈不准需索騷擾寬於商民嚴
於職官有違
旨者上司立予糾劾此不惟愛惜物力之心乃所以昭不忘憂患
之意且不尚玩好則工無淫巧而併力於製造不崇侈靡
則商輕成本而增多其贏餘官以儉而廉民以儉而足農
多本富則有用之貨物易銷工執正業則出口之利源日
擴是不惟務本之常經抑亦馭外之要策也恭讀
聖諭屢以卧薪嘗膽為言夫欲使天下四海見
朝廷實有卧薪嘗膽之志者必自三事始一曰儉二曰勤三曰
度路三事之中惟儉最為顯著而易行化臣民而阜財用

其效亦最速必
朝廷時時有不忘在莒之心則國勢有轉否爲泰之望矣
一破常格　從來國家開創之初疏節闊目上下情通旣能
周悉民隱亦能鼓舞賢才故成功易中葉以後拘文牽義
上下否隔民情多壅於上聞人才亦難於自見故致治難
今外患日迫政權漸侵迥非光緒初年之舊時局已非常
局則政事豈可仍拘常格伏讀
聖諭有云積習相仍因循粉飾以致成此大衅洵爲深中時弊之
至論積習莫甚於驕惰惡勞因循莫甚於藉口舊章粉飾
莫甚於實情不
上聞若因仍舊習文貌相承則下欺而上不悟民怨而官不知敏
捷者以粉飾爲能庸懦者以無事爲福以當羣強必不支

矣昔漢高帝以褐衣挽輅拔婁敬光武以披襟岸幘見馬
援唐太宗開孔穎達上下情隔之諫賜物二百段又以尚
書郎不解乘馬為戒金太祖開國之初地坐而謀上馬而
戰以故其兵滿萬無敵遂成大業今日謀國之急交鄰之
難不惟五十年前所無且亦非歷代所有嘗讀周易屯初
九之象曰以貴下賤大得民也蓋國家當屯險多難之時
帝王羣臣皆必力求得民之道乃能動乎險中而得亨貞
之吉竊謂此時
朝廷一切舉動宜視為草昧締造之時視為與民同患之時將
一切承平安樂之繁文縟節量為簡省變通中外大小臣
工尤以除官氣達下情為主應行破除常格之事甚多茲
先約舉最要者三事一曰數奏奏對之際

天威咫尺往往戰栗矜持不能盡言至於上疏陳言每以有
旨為慮導之使言猶多顧忌若以折檻批鱗為戒則雖至於願
而無人為
朝廷言之矣擬請
明諭中外凡臣工奏疏
召對務以直言正諫指陳利害為主不必稍存忌諱言事過於戇
直者體式稍有未合者亦望
朝廷曲予優容以收從善納規之益一曰儀文今日文武官員
官氣最重實為失人心害政事之根故大學士曾國藩故
巡撫胡林翼常切切言之文官賤視其民罕與民接炫之
以儀從威之以鞭扑故罕通民隱武將賤視其兵罕與兵
親驅為賤役視為利藪故罕識兵情夫不得民心而能治

不得兵心而能勝未之有也應請
切戒文武各官務須屏除官氣不尚虛文必其誠意感孚然後
兵民皆可用矣至於
上天下澤
堂高廉遠其分不可不肅而其情不可不通若尊崇嚴畏之意過
多則誠懇忠愛之意漸少必
朝廷有體恤羣臣之心有
聖不自聖之意斯臣下得進忠言庶民皆同休戚矣至於
諭旨中所舉
朝章國故其間有無應行變通酌定之處非臣等所敢擅擬應
請
飭下廷臣詳擬奏請

聖裁

一曰用人承平用人多計資格所以抑躁進時危用人必取英俊所以濟艱難今之仕途不必其皆下劣也同一才具而依流平進者多驕惰精力漸衰者憚改作資序已深者恥下問平日論吏才者患吏事之不多今當變更政治之際則惟患吏事之太多蓋其所謂吏事者不過循習空文於中外時局素未講求安有閱歷而迂談謬論成見塞胸不惟西法之長不能采取學步即中法之弊亦必不肯銳意掃除古人有言老者謀之壯者行之施之今日似爲有當或謂進用太驟易開鑽營徼幸之風莫如略仿宋人外吏轉官須有十人薦舉之例如其人有四五人保薦者即破格用之如此則徇私援引之弊除矣如此一人保薦則

必試之以事果有實效然後破格用之如此則虛聲誤采之弊免矣若啟下但責之以文貌用人仍困之以例章則所得者皆尋常之俗吏而已豈能濟非常之艱難乎

一停捐納　捐納有害吏治有妨正途人人能言之戶部徒以每年可收捐三百萬遂致不肯停罷查常捐若銜封翎枝貢監等項本不可停若將常捐量為推廣但係虛與榮名無關實政者皆可擴充假如清班之銜章服之貴因公處分准其捐免遊幕省分捐准服官寄籍捐准應試生員捐免歲考節孝旌表捐准年限從寬以及

賜匾建坊之類似皆可酌加推廣擬請

敕下戶部博采衆議量為推廣必可抵補捐數大半即或不敷百餘萬然今日須籌賠款數千萬斷不宜惜此區區以致牽

然有如自強要政援詔

宸衷獨斷明降

諭旨俟此次秦晉賑捐完竣後即行永遠停罷以作士氣而清治源

一課官重祿　方今事變日多京外各衙門斷非僅通時文繙查成例者所能勝任欲濟世用非學無由擬請京城設仕學院外省均設教吏館多儲中外各種政治之書凡中外輿圖公法條約學制武備天算地理農工商礦各學之書咸萃其中選派端正博通之員為教習令候補各員均入其中分門講習嚴定課程切實考核進功者給予憑照量材任用昏惰者懲儆留學不可教者勒令回籍其實缺各官願入館討論求益者亦聽其便惟善教以培其材尤

須重祿以養其廉查京職俸銀俸米為數無多加以銀賤物貴實不足以自給而科道為風憲之官翰詹為儲才之地俸廉尤宜從優光緒八年戶部奏定令各省關籌解京官津貼銀二十六萬兩乃行之一年旋將此項撥充餉需且原定數目較少大小各官不能徧及其分給者為數亦不敷用度今日亟宜另籌辦理至三品以上大員用度較繁關係甚重必應一併籌及其名目即稱為養廉勿庸再稱津貼方為名正言順謹擬仰懇

天恩即以原議京官津貼銀二十六萬兩仍行發給各官至此項餉需應令各省照數另籌奏明抵補此外擬請即以此次奏陳裁汰屯衛各官所省之款并衛田新擬酌捐之款發給抑或另籌他款應請

旨飭議施行大約必須籌款百萬乃足敷各衙門辦公之需杜乞貸苞苴之術至外省若府縣等官甘苦亦不一致州縣有民社之寄知府有表率之責斷不可令其苦累州縣瘠區則科派黨獄而病民衝繁則虧挪庫款而病國不得已而為調劑調署之策則傳舍無常而國與民交病其號稱優缺者不過隱匿契稅雜稅減削驛站經費甚至捏報例灾蓋州縣官卑事繁科場考棚之攤捐招解緝捕之繁費驛路大差之供億委員例差之應酬其養廉萬不足以給用不得不迫而出此故州縣多一分之繁費則國帑暗傷一分之進款知府公費無非取給州縣然公費多少不一往往藉端挑剔格外誅求故府州縣皆須令其辦公有資然後能盡心於國事民事應請

敕下各省體察本省情形省州縣之繁費若[illegible]

不敷者擬為撥給職田一法考晉唐宋明以來郡縣等官皆有職田明又有邊城養廉田此制仍可仿行查各州縣大率皆有充公之田私墾官荒並未升科之地及原主久亡契據久失地棍冒認爭訟不休之業此類各項田地若認真清查一州縣至少亦有數十頃應將此業即撥充州縣職田之用收其租課以資辦公州縣既無累可言則可令其久任責以實政設遇地方有重要難辦之事只可因擇人而量移不准因恤累而更調一切公款責令切實報解不得藉口侵欺知府辦公竭蹶者亦為籌增公費至增加養廉公費以後京外各官如再有貪墨敗檢者除參革外仍行追罰充公方今度支困絀之際豈願更增用款然

果使賢才無北門賓窶之憂當官有公爾忘私之志則為

國家所省者多矣

一去書吏　蠹吏害政相沿已二十年今仰蒙

乾斷一旦剗除天下臣民無不欽頌臣等歷年所見部文不過查叙舊案核算數目從未論及事理下等司官皆優為之其准者不過曰與某案尚屬相符尚屬實在情形其駁者不過曰與舊案不合窒礙難行間有援據古今發為議論指陳事理語有斷制者則必係司官秉筆或經堂官改定一望而知決非經承稿書所能為然則此輩一無所為但工作弊索賄至外省各衙門書吏弊竇亦多若督撫衙門之兵房藩司之吏房戶房州縣之糧戶房稅契房皆所不免而州縣為尤甚緣兵燹以後魚鱗册多已無存催徵底册

皆在書吏之手綏欠飛灑弊混極多把持州縣盤剝鄉民
税契一項包攬隱匿官無如何其實無論大小衙門書吏
技倆皆極庸劣凡緊要奏牘咨札詳稟或本官親自屬稿
或委員幕友擬稿從無書吏能動筆者所能為者不過例
行公事依樣壺盧而已若各局文件多非循例之事則皆
係委員辦稿至清書則滿紙俗別訛誤脫落尤為惡劣實
於公事有妨正擬推闡
諭旨之意將外省書吏積弊大加整飭昨讀電傳部鈔已奉
明諭將各省書吏概行裁汰自應欽遵辦理茲擬將各省書吏一
律汰除改用委員其額設辦稿經承督撫司道知府直隸
州衙門用本省候補佐貳雜職為之稱為稿委繕寫清書
用本省生員為之稱為寫生惟各衙門清書人數甚多如

生員可選充寫生者一時不能足人數則於生員之外就該衙門清書中挑選謹慎守法者充作書手稱為貼寫生同通州縣首領佐貳教職衙門則稿書用生員如生員不敷則監生童生亦可稱為稿生清書另雇讀書安分之書手為之亦稱為寫生所以必改名為生者以示改用士人之意緣書吏一項久已為世詬病人既視為不足重吏亦遂不自重而輕於犯法今一律改用士人優其名目則稿生寫生皆有顧惜廉恥之心化去骫法營私之習督撫司道知府衙門書吏向有飯食津貼各項銀兩即以撥充稿委寫生薪水之用州縣等衙門應就地籌款以臣等所到各省論之其候補佐雜文理通暢心地明白而無差困苦者甚多足敷稿委之用查委員辦稿乃古人州郡有六曹掾

屬之意生員繕寫乃鄉會試謄錄用生員之意似此辦法中等省分可用佐雜百餘人生員千餘人大省加多既可令候補人員練習公事又可為本省寒士開一生計實屬一舉數善惟此項裁除書吏皆係世業擬請按已滿吏加等給與官職並將其每年應得飯食津貼之數發給兩年令其自謀生理以示體恤州縣書吏令其自行酌賞如慮新換稿生寫生等一時未能熟習或由各省自行酌量情形分為兩年裁汰惟各州縣戶房糧房藏匿收捐底冊以為居奇最為藐法可惡今聞將裁汰必多抗匿不交甚且剷造偽冊州縣按照串票原不難於清查但恐繁細需時於催科稍有阻礙擬請將各省州縣戶房糧房應分為數年裁汰由督撫體察情形一年先辦六七縣或十餘縣擇

其易於清理者辦起如該吏有敢抗違銷燬檔冊者即行

奏請正法俟辦有規模即可一律推行永除要官朘民之

弊矣至各部則例亦擬請

敕各部臣刪繁就簡因時制宜以省虛文而收實效塵牘既省則

以吏為師者自無所藉口矣

一去差役　差役之為民害各省皆同必鄉里無賴始充此

業傳案之株連過堂之勒索看管之淩虐相驗之科派緝

捕之淫擄白役之助虐其害不可殫述民見差役無不疾

首蹙額視如虎狼蛇蝎者差役擾民之事其報官者不過

什之一其報官而懲辦者不過什之五師徒相承專習為

惡之事良由換官不換差役故根株蟠結黨羽繁滋旋革

旋復雖有良吏只能遇事懲儆稍戢其暴而已而終不能

令種種擾民害民之弊一概杜絶蓋官署事事需差州縣
不皆久於其任勢不能鋤而去之别籌良法今欽奉
明諭參將差役白役分别裁汰此誠恤民圖治之要端也此事自
當轉飭有司欽遵實辦惟州縣之聽訟理刑催科緝捕等
事不能不需人以供驅使若繁劇州縣人少亦不敷用例
定役食無多不足以資雇募擬令州縣自行募勇以供驅
遣大縣百餘名小縣數十名以供上項各種驅使此勇既
由官選募必自擇妥實可信之人去留在官自然不能把
持習氣未深作弊不能甚巧但使本官約束嚴明即可不
為民害用勇之與用差利害相去懸絶如慮人地生疎其
查案傳人自有鄉保可以指引如慮緝捕不知賊蹤儘可
臨時購覓眼綫此項養勇之費應令各州縣體察情形就

地籌辦如州縣以無款可籌議口捐議亦尚有一款法尤
率民間詞訟必有訟費少者錢四千多者數十百千不待
審斷一經過堂即須先納此錢訟者久已視為成例各處
相沿皆有陋規需索稍輕者即已欣幸應令州縣照其舊
規量為裁減定一數目以示限制此外不准多索分文示
民周知即以此錢為養勇之費民間樂於去差役之害未
有不踴躍交納者大縣訟多簡縣訟少如不敷養勇之費
再行就地勸籌民必樂從惟緊缺州縣差役多至數百人
驟行革除慮其流而為盜應請限以五年次第裁革並給
以三年役食令其各謀生計去此巨害則民氣漸紓教養
有所施矣再者各國清查保甲巡街查夜禁暴詰奸皆係
巡捕兵之責其人並非下流猥賤之人其頭目即係武弁

日本名為警察其頭目名為警察長而統之以警察部其章程用意大要以安民防患為主與保甲局及營兵堆卡略同然警察係出於學堂故章程甚嚴而用意甚厚凡一切查戶口清道路防火患別良莠詰盜賊皆此警察局為之聞京城現擬設立巡捕將來外省自可仿辦茲擬令州縣用勇即與用巡捕兵之意相近當於繁盛城鎮采取外國成法並參酌本地情形先行試辦以次推行警察若設則差役之害可以永遠革除此尤為吏治之根基除莠安良之長策矣

一恤刑獄　魯曹劌之論戰也謂小大之獄必以情為可戰之具遂一戰而勝維齊誠以獄為生民之大命結民心禦強敵其端皆基於此非迂談也哉

乾
列聖皆以哀矜庶獄為心
大清律例較之漢隋唐明之律其仁恕寬平相去霄壤徒以州縣
有司政事過繁文法過密經費過絀而實心愛民者不多
於是濫刑株累之酷囹圄凌虐之弊往往而有雖有良吏
不過隨時消息終不能盡挽頹風外國人來華者往往親
入州縣之監獄旁觀州縣之問案疾首蹙額譏為賤視人
類驅民入教職此之由蓋外國百年以來其聽訟之詳慎
刑罰之輕簡監獄之寬舒從無苛酷之事以故民氣發舒
人知有恥國勢以強夫中外情形不同外國案以證定中
國案以供定若照衆證確鑿即同獄成之例罪有不翻控
者故外國聽訟從不用刑求重罪罕至大辟兩端中國遂

難仿照然而明慎用刑不留獄大易之文圜土教職事周
禮之典疑獄與衆共王制之法此皆中國古典舊章與西
法無涉今酌擬九條一曰禁訟累每有訴訟差役家丁必
索訟費視其家道以為多少至少者制錢四千薄有田產
者任意誅求不滿其欲者則詭曰案未傳齊致官不能過
堂即鄉民之官為之酌減定數不准多索然一官所禁後
任復然差役不革此弊不除至傳案株累最為民害其中
有原告誣攀者亦有吏役慫恿本官者亦必須裁去吏役
方能杜絕二曰省文法承審之例限處分太嚴而命盜案
之報少必俟犯已供認而後詳報盜案之例限開參太嚴
且必獲犯過半兼獲盜首方予免議而諱盜之事多諱有
為無諱刼為竊諱多為少各省從無一實報人數者命案

罕章可結則勞私私人命及牽涉證人之事民冤所以不
伸也盜案不早報不實報則萑苻已起而上官不知寇亂
所以潛伏也二事關係甚大非寬減例處斷無禁絕拖延
命案諱飾盜案之法至於上控之案其官吏偏私實有冤
抑者自應澈究嚴懲乃近來上控者往往有訟棍主持意
圖攀累訛索圖告而不圖審以致被告羈延日久而原告
終不到案雖有原告兩月不到將案注銷之例而兩月之
久拖累已多即由省押發或已經逃匿或中途潛逃誣累
害人情尤可惡應請
明定例章如上控案已經批發而兩月後並不到案者除照例注
銷外並將上控之人通緝治罪以後再將此案上控者亦
即駁斥治罪究出架訟之人一律嚴辦並請將上控承審

遲延之處分分別情節辦理此亦省拖累之一端也三曰省刑責敲朴呼謈血肉橫飛最為傷和害理有悖民牧之義地方官相沿已久漠不動心夫民雖犯法當存哀矜供情未定有罪與否尚不可知理宜詳慎況輕罪一責當時如法懲儆日後仍望其勉為良民更宜存其廉恥擬請以後除盜案命案證據已確而不肯認供者准其刑嚇外凡初次訊供時及牽連人證斷不准輕加刑責其笞杖等罪應由地方官體察情形酌量改為羈禁或數日或數旬不得淩虐久繫四曰重衆證外國問案專憑證人衆證既確即無須本犯之供然外國問案有專官刑律少死罪時刻閒暇故可以從容研求監禁不苦故有確證者即不肯狡供且警察之法最密平日之良莠生業街巷蹤跡一一周

知故證據多問業皆係列坐證人從不管押故證人易中國州縣事繁素無警察而刑罰較嚴出入甚鉅旁人多不肯作證本犯自必圖倖免此刑求拖累之所由來也今惟有申明定律一法可以稍救此弊查例載衆證明白即同獄成不須對問然照此斷擬者往往翻控非誣問官受賄即詆證人得賍以故非有確供不敢詳辦於是反覆刑求則有搒掠之慘多人拖累則有瘐斃之寃擬請以後斷案除死罪必須有輸服供詞外其軍流以下罪名若本犯狡供拖延至半年以外者果係衆證確鑿其證人皆係公正可信上司層遞親提覆訊皆無疑義者即按律定擬奏咨立案如再京控上控均不准理夫既非死罪又有衆證兼有覆勘即使本犯不肯輸服不過意有不足斷不能全然

顛倒據此定案則全案應訊人等可以省釋謀生夫為一人之軍流而致妨廢多家之生業拖斃無數之人命孰得孰失仁人良吏必有能辨之者矣此則省酷刑恤拖累之大端也五曰修監羈州縣監獄之外又有羈所又有交差押帶等名目狹隘污穢淩虐多端暑疫傳染多致瘐斃仁人不忍覩聞等之於地獄外人尤為痛詆比之以番蠻夫監獄不能無而酷虐不可有宜令各省設法籌款將臬司府廳州縣各衙門內監外監大加改修地面務須寬敞屋宇務須整潔優給口食及冬夏調理各費禁卒淩虐隨時嚴懲至羈所一項所以管押竊賊地痞及案情干涉甚重而供情未確罪名未定保人未到者定律雖無明文而各省州縣無處無之蓋此等案犯若取保則什九潛逃斷不

能行若令還任客居交差看守則勒虐更甚無從稽考故
羈所一項其勢不能不設查雍正三年刑部尚書勵廷儀
奏監禁宜分內外內監以居重要人犯外監以居見羈輕
犯並案內聽審人犯部議從之是今之羈所即本勵廷儀
所奏外監之意擬請
明定章程各處羈所務須整潔寬敞不准虐待亦不准多押至傳
質者歸入候審所各省多已設立其餘差帶官店等事務
須禁絕此事之實辦與否有房屋可驗不能掩飾六曰教
工藝近年各省多有設立遷善所改過所者亦間教以工
藝等事然行之不廣且教之亦不認真應令天下各州縣
有獄地方均於內監外監中必留一寬大空院修工藝房
一區令其學習將來釋放者可以謀生改行誌繫者亦可

自給衣履七曰恤相驗凡有命案應相驗者驗尸棚廠官吏夫馬之費甚多均取之被告家不足則派之族鄰小村單戶則派之一半里外之遠隣間有卹民之吏自備夫馬帳棚嚴禁差役科派然亦不過百之一二終無禁絕之法查四川有三費局由紳民糧戶捐出一為招解費一為相驗費一為夫馬費民甚便之行之已三十年此事自宜令各州縣就地籌款務以辦成為度仍責令州縣輕騎簡從不准縱擾違者嚴參八曰改罰鍰贖罰之刑古經今律皆同有之惟其途尚隘查命盜案應按律治罪竊賊地痞惡棍傷人騙詐訟棍應置予朴責監禁藉以儆其悍暴昭示良民此數項應不准罰贖此外如戶婚田土家務錢債等類之案其中多係紳衿且兩造必係親族鄉鄰不宜苦辱

過甚致本人有礙上進并使[illegible]子孫[illegible]其
曲直審斷外其曲者按其罪名輕重酌量罰鍰贖罪銀若
干以為修理監獄經費舉貢生監職員封職犯事罪不至
軍遣者除褫革外並罰鍰修理監獄經費看管數月免其
刑責似於化民善俗之義有合罰鍰之數令其詳報上司
私罰及入己者罪之至近年流徒各犯率皆中途逃回否
則在配不久即逃由於沿途押解差役無多到配管束地
保難信逃回以後肆惡更甚似此有名無實豈足以昭儆
戒查近年盜匪各案外省多奏明改為監禁數年擬請以
後除軍罪皆係重情照舊發遣外其流徒兩項由地方官
酌量情節詳報部令繳贖罪銀若干以為監獄經費改
為羈禁數年較本例所定年限少減則該犯有羈管之實

沿途省解送之煩似亦兩有裨益九曰派專官監獄一事固須屋宇廣潔尤須隨時體恤禁絕淩虐必有專官司之方有實濟吏目典史早於州縣不能考察查各府皆有同知通判所司清軍鹽捕水利等事久成具文一無事事按今之通判宋亦名通判或名簽判明名曰推官皆兼管獄因訴訟故文人稱為司李俗人稱為刑廳擬請著為定章每府即派實缺同知專司稽察各屬監獄之事同知不同城者派同城通判每兩個月內徧赴所屬外縣稽察一次同城兼有同通者兩員分往一月稽察一次同城縣監十日稽察一次監獄不善淩虐未禁者准其據實禀明督撫臬司比照濫刑例條處稽察府監責成本道司監由督撫隨時委員稽察要之去差役則訟累可除免賞文法則命

盜少諱延省刑罰則廉恥可培養重眾證則無辜少拖斃修監羈則民命可多全教工藝則盜賊可稀少籌驗費則鄉民免科派改罰鍰則民俗可漸敦設專官則獄囚受實惠以工各端例禁無一不周備而州縣無一能奉行若不酌改章例量籌經費雖譬以文檄繩以處分斷無實效必事事皆有確實辦法庶可以仰裨

聖朝尚德緩刑之治而驅民入教之患可漸除矣

一改選法　古來吏部用人名曰銓選銓者銓衡也選者選擇也自明季以來部選之官皆係按班依次選用查冊之外輔以掣籤並無考核賢否之法候選人員多係借人投供必託部吏查探選期已近始行親自入都選缺到省必令赴任間有留省學習不過一年數月其中多有紈袴子

弟鄉辟實儒罕能通曉吏事至本省情形則更茫然每出一缺或應外補或應內選或一咨一留或兩咨一留班次糾紛章程繁細各官但算計得缺之遲早班次之通塞心思識解日趨鄙俗竊擬略為變通以後州縣同通統歸外補無論正途保舉捐納皆令分發到省補用試用令其學習政治上官亦得以考核其才識之短長遇有缺出按照部章應補何班即於本班內統加酌量擬補不必拘定名次惟到省未滿一年者除本班無人外不得請補查部定委署章程只分三班一正途一委用一試用委用即勞績也就應用各班之中酌量遴委不必挨次如有重要難辦之事並班次亦可不拘此章最為簡易通達既有範圍可守亦可因地擇人令即略仿其意或謂有外補無內選則

吏部之權漸輕竊謂不然分發到省之初部臣查其合例
核准者始行驗看奏請引
見發往不核准者即駁斥不行外省請補之時部臣視其合例者
准不合例者駁其權仍在吏部夫使今日吏部選缺章程
果能裁量羣倫分別進退因時求才因地擇人與銓選之
義名實相符豈敢輕議更張無如選人雲集與部臣從未
謀面月官之卷但寫履歷無事可試無才可見無文可考
無勞可獎雖有山濤之明徐勉之正盧承慶之恕王翺之
公無所用之則何如內外互相考核歷試然後授官之為
愈乎益同一按照部章外補則於遵章之外又多一考核
酌量督撫藩司所擬酌補之人縱不能一一精當亦必可
十得其五公論具在斷不能概係偏私況繁要之缺自道

府以至州縣皆由督撫酌補酌調部選者皆係中簡之缺
豈有酌補繁要缺則督撫皆秉公酌補中簡缺則督撫皆
徇私乎必不然矣照此辦法則所用皆係熟習地方情形
之員又有鼓勵人才之具於吏治實有裨益至道府兩項
應查照向章如有補選相間者其咨部歸選之缺應用候
選人員者則改歸外補應選實缺人員者則改為請
旨簡放所有實缺京官向章應選道府者亦請改為
記名簡放如此則內外皆有擇人之實效矣抑臣等更有進者古
人稱吏部之善曰簡要清通擬請
敕下部臣將各項班次量加刪減歸併總以宏綱疎目為主俾候
缺各官但思濯磨自效而不以計缺趨避分其心思庶幾
吏治或有起色乎

一籌八旗生計　京外八旗生齒日繁餉額有定且銀價漸低物價日貴

國家雖歲費鉅款而旗兵旗丁等不免拮据之憂殊鮮飽騰之樂自咸豐軍興以來江寧杭州鎮江乍浦滄州等處駐防受禍甚巨去年聯軍之變則京旗受害亦深此不可不急思變計者也伏思中國涵濡

聖化二百餘年九州四海同爲食毛踐土之人滿蒙漢民久已互通婚媾情同一家考盪平髮逆以來南北各省文武軍民團練其竭忠戮力效命行間者旗民皆同並無驅別況方令中外大通乃

天子守在四裔之時無論旗民皆有同患難共安樂之誼然則兩京二十一省凡有血氣者皆是拱衛

國家之人干城腹心原不必專恃禁旅況八旗近來文才日盛
而武勇漸遜於前迥非
國初之舊若猶令豐鎬子弟沿襲舊制坐困都城外省駐防株
守一隅局於兵額非所以昭
同仁而規久遠也溯查乾隆以至光緒年間滿漢大臣言官屢有
上疏籌及旂人生計者大率皆以出外屯墾為言特是荒
地惟關東口北為多內地罕有且官家兵籍亦未必皆習
於農故屯墾一說迄未能大加推行竊謂
朝廷養人不必指定何項生計但宜使之有自謀生計之才擬請
將京外八旗餉項仍照舊額開支維將舊法略為變通寬
其拘束凡京城及駐防旗人有願至各省隨宜遊幕投親
訪友以及農工商賈各業悉聽其便僑寓地方願寄籍應

小考鄉試者亦聽其便准附入所寄居地方考試

中但註明寄居某旗人而已有駐防省分或即附入駐防之額其自願歸入民籍者必其自揣文藝可與眾人爭衡即不必為之區別寄籍者即歸地方官與民人一體約束看待惟出京寄籍自謀生理之人其錢糧即行開除不必另補但將馬步甲兵豫定一至少減至若干之額省出餉銀餉米即以專充八旗廣設學堂之費士農工商兵五門隨所願習惟習武備須擇年在二十歲以下者如本係當兵者既入學堂則尋常舊例操演勿庸再到以免分其學堂之日力其習武備者留以供禁旅之用習他項者今為謀生之資所學未成不能營生之時餉項照舊給發五年以後省餉日鉅學堂日增十年以後充兵者可以禦侮則

不患弱改業者各有所長則亦不患貧矣

一裁屯衛　查全漕改折計省出耗折兑運局棧員紳修河閘壩駁船倉車各費可歲贏二百餘萬數十年來言者多已議及戶部屢經咨詢查江浙漕糧皆係臨起運時購買海運則於上海漕米交商輪河運則於氾水鎮購米交船戶在民久已折徵在官並不折解剝船有攙水霉變之弊花戶有盜賣回漕之弊暗虧尤多旗兵得米盡以易錢京官食米皆買北稻然則漕運一事種種有名無實亟應設法變通查有漕各省屯田本為贍運軍而設各衛所守備千總本為徵屯餉押漕運而設今日無論折漕與否運漕皆係輪船民船運軍久無其人衛官一無其事而屯田屯餉弊竇尤多一衛所屬屯田有隔在別府者有跨在別省

者衛官並不知其田在何處數者若干其冊皆在該衛書
吏之手至於荒熟豐歉更無影響可尋衛官但向書吏索取
年例陋規而已此等積弊各省皆同臣等查之甚悉計十年
之中江南湖北各衛官以爭利謀缺訐訟滋鬧之案甚多謬
妄離奇真不知官常為何事不文不武形同贅疣若屯田屯
餉改歸所隸州縣徵收則每年豐歉完欠皆有可考查前明
屯田立法之始本係官田發給運丁承種納租故定例准典
而不准賣然相沿數百年來展轉典當久已屢易其主視同
民業屯户既係用價所置此時自不便繩以舊法但令其
報官税契將屯餉改為地丁將屯丁運軍之名編審之例
永行删除衛守備衛千總等官一概裁罷改為營守備營
千總分別補用漕督遇事可與各糧道州縣行文往來亦

不必有此衛官民間買屯田者既享世業之利又除運軍編審之累受益已多若令其於舊章屯餉之外每畝酌加報效銀二分總計各省屯田二十五萬餘項可歲增銀五十萬兩即有災緩所減無多再益以裁省衛官之費實為鉅欵此項係裁屯裁衛所得擬請即以撥充加增大小京官俸廉之用若干清理衛田一事尚可多籌應請一併解充京官俸廉省枝官以贍實職名義尤屬相宜

一裁綠營　綠營之無用自嘉慶初年川楚撒匪之亂而已著自髮捻之亂而大著故大學士曾國藩在直隸創為練軍之義意在加餉併營以冀整隊勤操誠亦苦心撒獘之術各省訪而行之然而餉項雖加習氣未改親族相承視同世業每營人數較多更易挾制滋事身既懶弱多操數

刻則有怨言性又不馴稍施鞭笞則必譁譟將弁不能約束遑論教練至於調派出征則聞風推諉其不能當大敵禦外侮固不待言即土匪鹽梟亦且不能勦捕惟直隸練軍皆係勇營規模其中多有外省勇丁故尚可用此外各省積弊大率相同至于原營零星之兵飢困無聊大率皆兼工藝小販以資糊口尤為無用歲糜巨餉則可惜干城無具則可憂三十年來以裁汰綠營為言者不止數十百人自光緒十一年奉

懿旨令裁汰綠營光緒二十二年又奉

上諭裁汰綠營各省雖已分別裁汰然現存者尚復不少合計各省原營額餉挑練加餉歲費餉銀餉米馬乾照光緒十一年八月二十二日

懿旨綠營兵餉一千五百萬兩之數核算此時尚需銀一千萬兩以外物力艱難年年巨耗真不知何所底止也或謂兵勇同是一人何以綠營不能教練不知勇營統帶營哨各官可以隨時撤換量能委用不拘資格勇丁可以隨時革補重者施以軍法舊勇疲劣可全裁此營另募新營若綠營官由選補兵皆土著兵非弁之所自招弁非將之所親信既無恩義自難鈐束以傳舍之官馭世業之兵亦如州縣之於吏役欲其整飭變化服教從風此必無之事也況綠營將弁皆染官場習氣官弁且不易教況於兵乎或謂綠營雖無用而難遽裁可改為巡捕兵以資彈壓防緝不知綠營官弁官丁層層積弊已入膏肓既甚驕頑又極疲弱欲望其練成可戰之兵固斷無其術即改為警察不惰廢曠

誤則牽擾生事亦如差役地保而已然則既不能整頓變化而用之自非裁汰不可特是裁汰之要義有二一則宜籌從容消散之方一則宜籌抵補彈壓地方之具夫裁兵之議已經多年然至今未能多裁者則以欲求近效而多裁遂致牽制而不能裁竊思惟有多分年限漸次裁汰一策則無弊而必有成擬請將各省綠營不論挑練之兵原營之兵不分馬步戰守限定每年裁二十分之一計百人裁五統限二十年裁竣應裁者每名發給恩餉一年責成各省督撫藩司每年餉銀糧米就現在應發之數於二十成中扣發一成其何營應開除幾名令各該營自行按數開除蓋無論綠營勇營每百人中一年之內斷無不出缺數名之理或病故或革退只有多於五名者斷無更少於

五名者或謂即明定一章以後缺額不補自然日久減盡不知若聽各營自行報出空額則永遠推延捏名接充永無開革病故者惟有計成扣餉不發最為簡易而分為二十年之限尤屬從寬銷除有漸改業有資斷不至更有他虞惟各省間有不便裁汰者如湖南鎮筸鎮乃改土歸流之地並無土著農民其地除苗產外土地皆係屯田民人皆係兵籍而入伍食糧為業其兵亦健朴可用從前屢立戰功靖綏鎮亦然是以光緒二十三年裁兵案內聲明鎮筸鎮毋庸議減綏靖鎮只裁一成擬請將此兩鎮兵額不再裁汰但將綠營改為勇營一切營制汛地名目章程統飭辰永沅靖道會同該兩鎮酌定將綠營舊日故套空文雖扣積弊永遠革除統照營勇辦理此外他省如實有與

督撫酌辦直隸練軍應由直隸
督臣酌辦或謂為期過緩所省無多不知綠營規制始於
前明以五百餘年養成之痼疾若能以二十年掃除之即
已非易假如自光緒十一年即定為二十年裁汰之議今
已歷十七年行將告竣矣計十一年以後即可歲省五百
萬二十一年以後即可歲省一千萬矣惟是此項省出之
餉只能改為養緝勇設警察之費不能指為充裕庫儲之
計蓋精練備戰之營只可屯劄省城及要隘重鎮兩三處
斷不宜各處分劄又蹈營汛之失省外府縣亦未便聽其
空虛可即以此項省出之餉酌設緝捕勇營派赴外府擇
要分防并設警察之勇歸州縣調度不過改募勇丁則整
飭去留其權在地方官勇可隨時裁募弁可隨時更換於

弭亂安民既有實際而經費可免另籌此即與新增巨款無異矣至於武職大小各員缺則擬請概勿裁汰蓋以後無論營勇如何整飭操法如何改練要必有管帶之統領營哨各官又武備學堂教練已成之學生必有獎拔官階以為出路而資效用又營弁剿匪捕盜著有勞積者及操防出力者亦必有武職升階以為獎勵然則綠營可裁而武職之缺不能裁若至二十年以後則從前各路軍營立功者無論大小將弁久已凋謝無存其實缺提鎮大員既

家

特簡且品秩已崇資序已深除才能統軍帶勇者自宜任用外其

餘即不能帶勇者但聞其缺擬懇

賞加榮銜優其體貌照舊支領俸廉如日本元老院之例至該員

身故而止至實缺副將叅遊都守等官才能帶勇者改隸
勇營不能帶勇者即開其缺如有識字曉事者准其呈詞
降等改就文職用以知府同通伍貳等官如副將改用知
府以下遞推千把改用雜職臣等深知外省情形綠營將
弁若得改為知府同通佐貳無不欣幸樂為其開缺而不
能改文者如係穩練勤奮之員可令供他項差委如緝捕
轉運提防等事其平庸無能者亦可加以升銜量給薪水
養為舊日營弁別闢自效之仕途即可騰出武缺以授有
用之將士其候補武職能改文者或與實缺武職同或再
降實缺武職一等不能改文而才具又無足差委者從優
資遣回籍若照此次所奏設文武學堂罷武科兩條辦理
二十年以後凡為武職者斷無不讀書識字之人亦無不

曉兵事不能帶勇之人其僅存候補舊日綠營之將弁蓋亦寥寥每歲需費無多不過十年即已漸次減盡矣似此分別位置變通有體恤綠營將弁之方即可無礙整軍經武之政蓋綠營兵之不能裁皆由於武官之把持鼓動必將武職官弁設法體恤使其得所自無窒礙矣總之一省必有實缺武職若干員俟綠營兵漸少以後則通省為兵者止有勇營之一途其駐紮地方責成所在皆非綠營營汛之舊應如何更定營名以符名實即以現帶勇營之員充補抑或酌留數缺以位置他項武職之處統俟隨後從容籌議

一簡文法　恭讀此次

諭旨其要義有二一曰簡二曰寬實與聖經居敬行簡寬則得衆

之旨相合欽服莫名竊惟立法所以防弊而任法適以生弊誠以文法過繁則日力精力皆有不給必致疲勞於虛文而疎略於實事吏議過密則賢者苦於束縛不能設施不肖者工爲趨避仍難指摘以致居官者但有奉法救過之心思並無憂國愛民之誠意況方今事變離奇動關大局即晝夜精思破格振作猶恐無濟若再困之於簿書期會之間則

國家利害安危無暇籌及矣夫衡石程書專用督責秦之所以亡也斲雕爲朴吏治蒸蒸漢之所以興也隋以察而亂唐以寬而治宋以繁而敗金以簡而勝此治國治軍得失之定論也簡文法約有三端一曰省虛文凡部院文移外省公牘多有陳陳相因無益實政者有冊籍浩繁無關利弊

者有未節細故往返駁查稽延時日者有循舊具報出結
並無實事者此類不可殫述擬請
飭下京外各衙門通行澈查酌量省罷至於無謂儀節徒致廢務
妨要者亦請查核酌改從簡一曰省題本查題本乃前明
舊制既有副本又有貼黃兼須繕寫宋字繁複遲緩我
朝雍正年間
諭令臣工將要事改為摺奏簡速易覽遠勝題本五十年來各省已
多改題為奏之案上年冬間曾經
行在部臣奏請將題本暫緩辦理此後擬請查核詳議永遠省除
分別改為奏咨一曰寬例處范仲淹之言曰士大夫公罪
不能無私罪不可有洵為名論方今吏議繁密京外各官
殆無一人無一日不干吏議者而州縣為尤甚治民之本

全在州縣救過不暇何暇論及教養乎牽絓既多於是遇
事諉卸多方彌縫上官亦知其情多為難不肯苛求姑從
掩覆既明知為無益勸懲之事何必存此虛文應請
敕下吏兵兩部都察院查核處分舊例分別公私輕重量加寬減
删除如此則臣下之於
朝廷僚屬之於上官可以進實言辦實事矣
以上十二條皆中國積弱不振之故而尤為外國指摘詬
病之端臣等所擬辦法或養民力或澄官方或作士氣前
人論及此者多矣特以誤於獘去泰甚之言怵於諸事更
張之謗律令文告都成具文小有設施不規久遠今日外
患日深其樂因循務欺飾者動以民心固結為言不知近
日民情已非三十年前之舊羨外國之富而鄙中土之貧

見外兵之强而疾官軍之懦樂海關之平允而怨釐局之
刁難誇租界之整肅而苦吏胥之騷擾於是民從洋教商
挂洋旗士入洋籍始由否隔寖成渙散亂民漸起邪說乘
之邦基所關不勝憂懼必先將以上諸獘一律剗除方可
冀民心永遠固結然後親上死長禦侮捍患可得而言矣仰
懇
聖明裁察施行以為自强之根本其采用西法各條另摺奏陳所
有第二次籌議各條臣等謹合詞具奏伏祈
皇太后
皇上聖鑒謹
奏

皖撫王覆奏條陳變法第一摺

奏為應

詔陳言恭摺仰祈

聖鑒事竊臣恭奉光緒二十六年十二月初十日

上諭著軍機大臣六部九卿出使各國大臣各省督撫各就現在情形參酌中西政要各抒所見通限兩個月詳悉條議以聞等因欽此仰見

宸謨周遠懲前毖後勵精圖治之盛心臣恭誦再三悚惕何可言喻伏查中西政治互有短長自非參酌損益各得其宜末由變通盡善自庸流未達時務其於外洋政事一切薄之者不免有鄙夷不屑之思奉之者又或挾信崇太過之見究之二者交失未協厥中而近來效法西學者往往未探本原僅得

膺末誠如
聖諭何由切實整頓漸致富強今欲上下交儆改絃更張有以兼
勵而振興之斯誠救世保邦之至計也臣材識謭陋何足仰
贊
高深顧重承
聖訓肫詳自應各貢其愚以效千慮之一得何敢蹈因循敷衍之
習空言塞責自取愆尤竊維求才宜變通制科裕國宜講求
財政經武宜整頓軍制自強宜練習外交而吏治之盛衰民
生之休戚國勢之強弱即無不隱繫於其間茲謹就管見所
及縷晰以陳但冀得切要可行之方不敢為高遠難幾之論
所有 微臣參酌中西政要敬舉大綱四條其辦理細目分附
於內請為我

皇太后
皇上陳之
一科舉學校當逐漸變通不宜驟行偏廢也治國以求才為先育才以學校為始而掄材之所奮興恆視乎科舉之所取舍
國朝承前明之舊向以制義取士而名臣碩彥亦多出乎其中近時中興良佐如曾國藩左宗棠胡林翼輩戡亂反正之功贊旋乾轉坤之治亦無不由此進身均卓然有所樹立自俗儒專尚揣摩以聲調章句為弋取科名之具遂不免為世詬病究之實淺學之有負科舉非科舉之果誤人才也方今世變已亟各國制作日新聰明日闢均能出奇制勝況宗邦文明之域豈容故見自封然一旦悉取舊制而驟更之不獨

宿學者儒咸傷廢棄且率天下而專騖於功利機巧之事勢必盡舉六經四書概置不讀即有奇材異能而於大綱大本之地未加講求逞其智能勇略設有奸徒倡為邪説鼓惑煽誘於其間小則啓離經畔道之思大則為犯上作亂之漸其患何堪勝道至易制義為策論近來洋板書籍廣刻盛行徒滋鈔胥難窺心得故臣愚以為時至今日

國家之所以取士與士之所備以為世用者誠不可以舊制目限而要不妨即借為新學之始基也蓋凡工制義者其於聖賢道誼中國文理先已曉然於中由是而更譯外洋有用之書進求今世當亟之務較諸顓蒙未學毫無根柢者流必當事半功倍斯固理之灼然共見者也議者動欲驟廢科目不思此時各府州縣學堂尚未周設或教之無其人或立之無

其實究從何猝拔奇才以應選舉而各省會如直隸江蘇安徽浙江福建湖北湖南廣東四川等處則已各設學堂分延華洋教習或派員為之監督日省月試倘從此認眞考究其取人之法應飭各州縣學官就生員中擇其才質聰敏志趣高遠年在十八歲以上二十五歲以下者申送省城學堂俾資學習庶業易成而用可久其所習之事則分天文地輿兵法掌故算學格致為六門隨其才之高下與質之所近從而教授之黜其荒嬉獎其勤學取無求備業維求精蓋各藝之奧藴無窮而一人之才力有限昔孔門諸弟尚分德行言語政事文學為四科未聞兼擅其美今欲以全材責之人人殆亦未可必得之數矣故宜分認專習較易畢業其選舉之法值此變通伊始各學堂所收生徒尚未能深造有得固宜破

老生墨守之見亦勿開新學俾進之門似宜暫仍其舊迨二三年後肄業於學堂中者其所學當漸有規模更二三年後其所學必更加精進如慮期太紆緩果訪有器識宏達才藝卓絕之人應先由京外臣工各舉所知隨時保薦既不使儁傑久淹於下亦藉慰我

國家需才孔亟求賢若渴之思餘則由各學堂教習居時考察諸生之優絀造册賫送督撫由督撫臣於鄉闈前預試一場如錄科然量其成材之多寡堪以應舉者共若干人酌定幾名內取中一名先期

奏請

諭旨即就各省中額內拔出若干名與舊攻舉業諸生一體既分別[illegible]並行不悖其卷可仿照各省官生之例另編字號

以示區別或慮考官難得其選此等試卷在初變科舉一二
科之中計亦為數無多主試向有二員或請
欽派通知時務者一員專閱此卷亦易畢事或由各督撫臣預調
他省學堂教習為此省各房考官入場襄校既可免遺珠之
歎且更無徇情之嫌若以學堂內所習體操暨槍礮準頭行
陣步伐以及製造格致等事必須面加考校有非文字語言
所能罄者或將學堂所選諸生勿令同入棘圍由各督撫會
同學臣如各省之考取優貢生於秋闈後另考一場加以覆
試公同取中俾得課其實而盡所長亦無不可會試本無定
額亦總計各省學堂內取中來京應試之人多寡分別幾名
內取中一名隨時
奏定辦理一切與鄉試畧同房考或由總署暨各部院衙門於

請

欽派分校取中之人一體

殿試

朝考

欽定甲乙後或使分隸總署暨兵工等部並發往各省量能授職自不致所用非其所習不另立經濟特科之名而可收經濟特科之效迨至兩三科後若輩列科名登仕版者既不乏人進可以襄理鑑衡退可以教授鄉里各郡縣中次第增設學堂輾轉傳習愈推愈廣其有才能邁衆者擇其尤而試以用而有效即予從優拔擢勿以尋常資格限之使

朝廷意向之所在喁然嚮風疇不勉自振策舍其

不期其變而自無不變者至武科應改弓矢為槍礮以裨實用前此中外大臣已屢言之而變易武科之法則以湖廣督臣張之洞前歲所陳最為詳備大要令武生武舉及願就武試之兵民各皆入伍學習於武科內兼寓軍制既得一切行陣之宜又無冢藏軍火之弊似亦變通盡利之一法可以見諸施行者也

一財政宜速加籌畫以資補苴而儲國用也中國患貧已久近復洋債日增賠款更鉅勢將益不可支綜計利源所在除鹽漕地丁外惟以釐金為大宗從前不知西洋各國取稅至重是以各國原定稅則類皆值百取五近議加稅免釐所加之數果溢於所免之數有益無損自屬可行否則釐金奉行

已久上下相安去之易而復之難與其求難必之財賦於人何如操固有之利權於己查此事前已議有端倪旋因北方釁起而罷現各國值氣燄方張之際其洋稅能否允議多加尚難預必即使所加果逾於所去必將扣作償款而中國軍餉及各項要需仍竭蹶而無所出安得不設法另籌藉資挹注故有昔日言之而未及行者或亦此日行之而不獲已者也謹為歷舉其目一曰試行印花稅也查印稅創自荷蘭而盛行於各國聞英俄德法此項歲征為數甚鉅倭地最少歲征亦二千餘萬厥利至溥考其行之之法係由官造成印紙自數釐至數兩多寡不等注於印花之内准民間預買備用譬有人現買一貨其賣主即按其貨值貴賤應貼何項印花將印花貼於張單之上以為納稅之証如不貼被發該店即

應照所責數值加倍議罰至各種契約字據未貼印花者亦
為漏私除應罰外遇有詞訟官不為理蓋此稅出之買主而
責成賣主取稅至輕而所罰則重是此不致稪累而亦無敢
隱瞞民多稱便如欲仿照辦理應請
旨飭下出使各國大臣查取各國現行成法暨其稅則條例詳譯
進呈參酌損益俟議定詳晰章程並將各種印花式樣布云
天下咸使周知然後定期一律舉辦庶可通行無滯計將來
籌款歲入之多計當無踰於此惟此稅未可與釐金并辦致
近重征如日後果勉抽釐而又不能多加洋稅則可執此以
相抵制事為各國所盡有不得謂我國獨不可行此有裨於
財政者一也一曰仿鑄金圓也中國上古錢幣亦如日本今
制金銀銅三品并重後世廢一重二坐視百國任金而我獨

否通商以來交易以鎊計貸借以鎊計賠款亦以鎊計盈虛伸縮惟人所操圜政之窮非變不濟法宜仿鑄金弊以鎊敵鎊然外交恐未之洽也我任銀則彼益我任金則彼損其理至顯則宜與各國聲明公法中自主之國應享權利商務之大英為最輕重成色悉準英鎊即仿歐西現行之例想無間言庶利權有所抵制然商情恐猶有閡也市儈壟斷取利以銀為漲跌各省一轍故有銀使當地之謗中國各省自鑄龍圓即隔省亦不通行或稱低色是其前鑒則宜各省須示一律無論糧稅捐項京外各庫盡一收納庶市廛莫敢阻抑然尤非開源無以資鼓鑄非節流無以塞漏卮也昔俄國儲庫之金一億一千萬鎊始改鑄金幣東西洋各國皆然再禁民間銷耗凡服飾器皿之類歲糜無限宜概令節省以惜物力

徒能行此四者可以挽國法之廢矣此有裨於財政者又一
也一曰廣興鑛利也采鑛之法先聘外洋頭等礦師取人以
信次用新式機器方能合法尤必多招洋股缺一不可但近
令包辦礦務之弊我則苦於集資或更影射為多甫作旋輟
轉致被累故民始疑而終懼陽奉而陰違彼則索地太廣動
形齟齬㩟㩟至今并未辦成一礦
國家亦未收得一錢且一經包定彼既難一時并舉我又難另
自招商是欲興礦利無異受禁封山展轉遷延何裨財政今
請不言風水一切常套惟定例無論華洋商人皆只能指礦
承買承辦後即分別各種礦產各省總局定為每礦先輸報
效若干萬立合同日繳一半開辦日繳一半日後應在值百
抽若干內照除以後無論開采與否報效費不能退還庶於

國帑較有實濟而議商既費巨款必亟於程功開采既速民生亦隱受其惠矣此有裨於財政者又一也一曰迅籌鐵路也各國不惜鉅費造路通商富强之本即肇於此現中國蘆漢鐵路早經開辦應飭併力速成此外粵漢一路勘議業有端倪亦宜早集商股迅速圖功一為開通東南財貨之謀一為預絶彼族覬覦之計至從前誤許他國所造之路應就其路之所至新闢口岸准各國概得通商以牽制杜其占據此後驅輪四達稅入日增冀可轉害為利此有裨於財政者又一也一曰整理工商也昔衛文際其國敗亡之後勉自振拔元年革車三十乘季年乃三百乘推其興復之由益於敬教勸學授方任能之外更進以通商惠工與訓農并重故其收效若

特簡大臣督辦商務固已早握其要領矣今請於沿江沿海各省
會及繁盛口岸各設商務局幷工藝院遴派通知時務之員
經理其事定專律以嚴懲倒塌則眾商之顧慮輕許專利以
特奬精能則百工之新製出而且聚內地生成造就之佳品
廣為陳列則足以縱觀覽而暢行銷舉市井把持阻遏之習
風概予革除則足以安貿易而化畛域招徠之下輻輳日繁
鼓舞之餘技藝益進我

國家深仁厚澤永不准加賦病農欲求度支之益工商而外更
操何術惟物產有流通之利厥課入無匱絀之虞此有裨於
財政者又一也合計所陳各節初視之亦若艱鉅難行然詎
勉籌辦或猶稍補乎要需因循茍安勢將益形其坐困故不
憚覼縷謹俟

宸衷之采擇焉

一軍制宜亟加整飭期改舊觀而資備禦也我

朝整軍經武近四十年來削平髮捻徊諸巨寇軍威為之一振顧將士承平日久暮氣旋深溯自倭人構釁於東邦而海軍已覆亡殆盡拳匪召亂於畿國而陸師又劒敗頻聞論國勢於今日亦可謂至危至弱矣然而一成一旅少康猶致中興三戰三北管子卒成霸業從古殷憂啓聖多難興邦但使上下一心力圖振作戒前車於既往籌善策於將來亦未始無轉弱為強之一日也嘗考中西軍制多有不同其船堅礮利無往不摧盡人而知之矣然其所以制勝於中國者尚不在此也西國雖宰相之子亦習兵戎將校各職無論大小并有

一也西
人生長海濱水陸并習其水戰則夙悉夫沙綫風濤其陸戰
則素嫻夫行陣步伐故一兵能得兩兵之用中國則分為二
事鮮有兼長蓋亦人地限之其弊同二也泰西槍砲出一新
製即令各軍一律改用中國軍火来自外洋且因費絀價昂
未能多購於是合諸軍而論則此營所練之器與彼營各殊
就一軍而論而前操所用之器與後操又異甚至驟得一新
式槍械弗審其機括之妙演發未諳操練不熟何能取準命
中角勝疆場其弊同三也洋兵餉糈較厚其技勇自幼夙學
其統將由伍遞升平時兵與將習一旦身當大敵而傷亡之
養贍卹賞諸從優異用能人爭效命所向無前中國則倉猝
應募未暇選擇不教而戰臨陣先逃更或沿途焚掠轉投他

營仍蹈前轍一經遣散又因無農可歸老弱者淪落異鄉強
黠者流為盜賊其弊同四也今議整頓之法先以出洋學習
業成回國之人為之教習將來變通科舉則營哨各官可取
材於各學堂內中式之舉人進士并以久經戰陣之宿將與
從前得力員弁相輔為用彼此考同校異舍短取長當可一
變綠營疲苶舊習而兵官咸得其選矣所用槍砲應取西洋
新出之精利者縱原購無多不能各營一律而一營必令專
習一器當此外洋禁售軍火之時應請
旨飭下各省會合力集資就中國已設槍砲廠處所廣為製造庶
期轉應不窮各資利用平時晨夕操演毋使凌雜即以中靶
之多寡排日登記按月總校以定黜陟庶人人共知振勵而
技藝亦日進於精矣各處防勇按其冊籍與飭該地方官查明

住址取有族鄰保結方准留營流氓無賴悉從擯斥則來歷均各分明逃亡得以追究而游惰不雜於中矣然使月餉不豐未能資以養生焉能責其效死宜仍參酌湘軍營制優給口糧惟痛除缺額之弊每月委員點名發餉并嚴定尅扣之誅使勤樸勇丁自給之外并得寄贍其家所有哨官什長均由該統領營官自行選募不准局外輾轉薦托俾可收指臂腹心之效而將士皆樂為用矣督撫提鎮諸臣復以時勤加簡閱汰其衰庸獎其精銳公其賞罰絕其夤緣如是而謂營伍之終無起色者臣不信也至廣購鐵甲船及魚雷等器恢復海軍本屬固本要策第值此創鉅痛深之際無論各國方議禁止中國向外洋購運軍火且刻下府藏如洗司農仰屋而嗟自須俟諸異時非目前力所能辦惟各口兵輪快船所

在多有狀宜逐加整飭以固內地藩籬方今票會各匪伏莽徧地添募之新勇事定不能不徐議酌裁無形之隱患到處不得不嚴為戒備惟有力辦保甲多練壯丁以輔兵力之不逮去歲肇辦大通一帶富有票匪隨同逆劉亦資其力大抵各處鄉勇未能遠供徵調猶可近衛里閭現擬再加整頓通飭地方官慎加延訪必擇身家殷實品望素著之人方准派充紳首庶幾緩急可恃眾志成城共秉知方有勇之良謀而無挾眾尋仇之妄舉此又軍政外亟宜認真講求者也

一外交宜加講求俾中外輯睦藉弭釁端也首宜正名增設外部即由總署改設尚侍四員司員數員應為專官不兼他職或他部人員歷練素深者可調本部本部堂官如不因左遷不得更調他部庶久於其任以期專精惟出使人員均由

本部選用二雇用洋員以備隨時顧問且資聯絡從前恭忠親王曾延比員襄助頗資得力似宜准各部院及各督撫仿照辦理交涉宜於因應較易之國如荷蘭比利時瑞典等國訪請有學問者作為幕賓應無流弊三民人交涉案件以後宜與各國約明概照西律辦理以期公允四飭地方官平日以禮賓接教士遇事剴切相商不得逞氣忿爭亦不得縣閉退讓其教士之秉公持正歷有年所者應由地方官詳明督撫奏請量給職銜或

賞給寶星以示風勵庶睦誼益敦而一切交涉均無棘手之虞也以上各條皆就現在情形斟酌辦法其尤要者則一在以博議為慎始之本宜先令部院大臣各就編檢司員中舉其明于各項法制者於內外條陳發令各就專門考其利弊定其

章程必詳必盡議成請
旨施行以昭詳慎一在以考查為精進之本宜於議行之事各設
專員隨時調查有一弊即設一法救之不因噎而廢食尤須
於成法研求進步不以一得自封所有各員條議概予宣布
令局外咸知其事之始末而任事者可畢殫其精勤庶無謗
議橫生輕舉輕廢之弊所有統籌全局緣由理合繕摺縷陳
伏乞
皇太后
皇上聖鑒飭議施行謹
奏

皖撫王奏請廣設算學專門學堂摺

奏為請

旨飭下各省廣設算學專門學堂所有書院一律兼習遵

祖訓而收實效恭摺仰祈

聖鑒事臣謹查國子監衙門內有算學一堂以親王總理其事

仰見

列聖垂教此學至為隆重伏讀我

聖祖仁皇帝御製數理精蘊諸書妙契天元精研化本中西兼貫圖表

粲然實自古未有之書為垂範億年之製我

高宗純皇帝欽承

聖學窺見

高深

欽定四庫全書總目立天文算法一類推衍流傳途徑廣大不
特中國疇人之業成就日多抑且外邦專門之書搜羅已及
如歐幾里得撰利瑪竇譯之幾何原本是也我
朝講道習藝兩者交修既無彼此之殊並消中外之見故光緒
二十四年九月欽奉
皇太后懿旨凡天文輿地兵法算學等經世之務皆儒生分內之事
諭令各省書院舉行正與康熙乾隆年間
聖訓相合方今萬國偕來迥非昔比學問之事彼則日新月異我仍守
故蹈常即論算學一門其用至大東西各國無人不習皆有
年限皆有課程畢業以後以之製器則分寸無差以之行軍
則槍礮有準故各國之士之農之工之商之兵無不知算以
為富強之基中國未能及此也臣伏讀此次

皇太后
皇上詔旨殷殷以人材為急以貧弱為憂思采彼長以補我短臣
愚以為欲講西學非人人學算不可欲人人學算非專設學
堂并天下書院兼習不可猶之讀經必先知小學否則不能
通經若講西學而不習算必不能通西學也明矣倘蒙
朝廷
俯采臣議
通飭各省設算學專門學堂與學武之武備學堂同并所有書
院一律兼習算學於以遙遵
祖訓廣育英材學生既多成者必衆然欲各致夫精微尤必先加以鼓
勵臣另摺所陳變通科舉條内擬酌分各省原定中額若干
名以兼取諳習時務之士請即將精通算學者獨占一門增

中額數名如從前攷取專經之意擇尤取中庶人心思奮盡
力研求異時於製器練軍通商等事各因才之所近分別錄
用必有成效可覩此則微臣區區之誠所急欲陳請者謹專
摺具
奏伏乞
皇太后
皇上聖鑒謹
奏

皖撫王覆奏條陳洋務第二摺

奏為條陳洋務事宜恭摺仰祈

聖鑒事竊臣見此次變出非常凡中國臣民無不痛心疾首推其致此之由皆緣於洋務一事人多視之甚輕言之太易一旦事變之來遂無所施其補救臣愚以為張皇於臨事何如考究於平時亡羊補牢今猶未晚伏候

聖明采擇所擬八條謹列於後

一設洋務館從前洋務事件沿海沿江各省為多其他省無甚交涉近則日推日廣無省無之各省候補人員於本省公事尚多未能諳悉忽遇交涉從何料理且各州縣教堂林立該地方官稍一不慎無事變有事小事變大事牽連恫喝賠錢殺人始能罷息若早備有能曉洋務之員事來即辦案自易

了臣擬請
旨飭下各省疆臣設洋務館以資練習其有心術正大通知洋務堪為師範者無論在京在籍之京員告病丁憂在家之司道各員隔省候補道員皆可聘請來館為之講授惟不派本省司道恐有藉端干求等弊以為定例大省約教府廳州縣百人以次遞推各門功課先由各省督撫會議奏明奉
旨頒發為定各省一律限兩年畢業再行挑選別班上學學成之後分別等第任使如此省人才未能敷用儘可借才他省以應事機畢業一次准該省督撫將講授之員從優保奬其有不稱者隨時另聘有代所教各員鑽營差缺者隨時嚴參行之兩年辦理洋務各員才識兼進遇事緩急操縱較有把握庶幾無失其宜矣

一設儲才館前請設洋務館所以教官也此請設儲才館所以教士也大抵凡人入官以後其於學問之事用心或難專一更期推廣人才則教士為要矣自古人才未有不學而成者況今日各國無人不學無事不學如槍礮至粗也而講求至細船車至笨也而運用至靈我一有未知不為彼笑即為彼惑惟有學則所知日闢所成日廣羣材效用庶政益脩各國自然敬重擬請

旨飭下各省疆臣設儲材館專教本省舉貢生監洋務交涉諸事使其未仕以前心地了亮事理明通當官以後自不至妄言謬論貽誤

國家其如何延師教課之法分年卒業之期并請

飭下各省督撫會議奏明奉

旨頒發為定各省一律其有財力弗及不能分設者即附該省
學堂之內亦無不可總期互相砥礪學業日新儲為
國用如各府州縣官暨本地紳商有志集資報
國准其稟明本省督撫遵守奏定章程一律設館以收廣效
一多派幹練人員親往游歷之事最長學問中國聰明才力并
非不如外人病在錮蔽太深習氣太重欲治此病惟有多派
各等人員游歷各國其益至大如中國有書院各國有學堂
一也彼之學堂教者數十人百數十人不等學者百十人數
百人不等師弟朝夕相見規矩整齊學有等級循序以進日
深一日以造於成所教皆有用之書所學皆有用之事我之
書院院長或以他事覊牵不盡常年到院學生或以膏火難
給未能常年住院平時不立課程月僅考八股試帖一二次

其欲收實效也難矣又如中國有勇外國有兵一也彼之兵皆由武備學堂訓練出身將與兵習兵與兵習能識字能畫行軍草圖能放槍礮有準其將廉武嚴整深明兵法衆皆服之我之營勇舊制事事與之相反何怪强弱懸殊當之輒靡又如中國有保甲局外國有巡捕警察一也彼國之政於巡捕一事尤為認真境內警察嚴密盜賊絶跡間有失竊必能尋還各處客店往來之人籍貫職業必記於册幾於夜不閉户路不拾遺我之辦理保甲往往奉行故事者多稽查得力者少或至良莠雜居奸究竊發地方隱受其患以上三條乃中國處處皆有人人皆知之事若無外國相較彼此得失之故尚難自明惟有人游歷觀於中國如此觀於各國如彼雖中材之士亦知其不如矣知其不如則必求所以及之者此

一大轉機也擬請
旨飭下大學士部院堂官督撫將軍學政出使大臣迅即保奏游歷之員內外三品官以下以至舉貢生員皆可派往歸時以日記為憑明白事理者獎之能明專門之學者加獎在外生事貽笑外人者惟原保官是問游歷經費先行酌定此舉頗有關繫天下事百聞不如一見取彼之長補我之短似宜從此入手處處歷驗體察力求實際庶何去何從曉然於利害之所在不致游移罔據矣

一多選聰穎生徒出洋游學方今中國學堂猶未盡設書院亦難驟更學者即志切觀摩亦將於何取益臣再四思維惟有多派生徒出洋游學收效較速前大學士臣曾國藩兩江總督臣沈葆楨均創此議近年湖廣督臣張之洞繼之派遣之

法於本省書院學生慎選年少安謹之士先核中國文理清順有志遠游者即可派充東洋近年學校教法最善又路近費少擬先往日本俟經費稍足乃往西洋所學之事以武備為先其他各種學問皆可學學成東歸即可當中國專門師範為用無盡各國見遣士如此之多求益如此之勇知其發憤為雄庶不至意存蔑視

一精選使才出使絕域古有專科然未有如今日之難者也中國士官本無學習洋務之學堂奉

命出使半為京員半為關道多是服官後始留心此事於是未諳西律者有之未通言語者有之未知操縱者有之動為外人所訕笑蓋外國最重約章其所派使臣無不嫻熟中國於此等事視為閑文故在外遇有彼國交涉交際多不中度不

如一小國使臣此非我使臣之不勝任也未講求於平昔者
然也至彼此相接尤以通言語為要義既可聯兩國之情并
可探彼國之事交涉機宜莫要於此否則相見隔閡遇有事
件無從反覆討論於是授權通事其於事理詞氣之間輕重
抑揚一經傳述豈能盡如本意恐有貽誤於不自覺者又使
臣隨員不過十數人而每次尚不免多有薦條擬請
嚴旨申禁所有隨員皆由使臣自選具摺奏明某通言語某嫻
西律某知交涉之事某明專門之學帶一人得一人之用
朝廷復於各使臣所帶隨員留心體察隨時拔擢以備他日出
使之用官小年輕者言語易學如使俄德法大臣隨員則令
分學三國語使日本大臣隨員則令學日本語三年之後通
者必多中外情形曲折均能自達并於暇日徵文考獻庶品

節詳明樽俎壇坫之間其儀不忒更足增邦家之光矣
一慎選章京總理衙門例有章京隨同辦事以內閣中書六部司員為之每次考取傳到當差傳畢再考臣愚以為宜推廣其法如閣部人員久嫻戰事既經錄用自可當差惟所取之途未寬恐辦事之才未足擬請於出使大臣隨員各省洋務館學成候補各員由使臣疆臣挑選保奏皆可充補不必考試或必須面考請以公事試之看其文理之優劣事理之明暗以為去取不復以小楷精美為長即閣部各員亦擬依此考取蓋小楷與洋務本不相關也候儲材館有成學之人亦可由疆臣挑選保奏如此辦法在京有總理章京在各省有洋務館有儲才館在外有使臣隨員皆可備異日譯署大臣出使大臣之選途多則趨之者眾選之者易豈尚有乏才之

歟乎

一設譯報館令中國貧弱至此危殆至此臣敢以一言括之曰不明彼己而已何也我所日與爭者地球各國也然各國人才何如國勢何如學校何如我不知也我之人才我之國勢我之學校較各國何如我亦不知也各國議論我人才國勢學校何如我更不知也若此豈特不知彼哉直不知己耳語云知彼知己百戰百勝果不知也其能勝乎為今日計擬請

旨設一譯洋報處派翰林部員數人率同繙譯數人專司其事凡所得東西洋報有關中國政事者逐日譯成進呈

御覽京外大小臣工一并發觀其言本國政事亦一律譯呈於是可以知彼并可以知己矣或云洋報壞人心術惑人耳目此誤國之言欲以塞我

皇太后

皇上之聰明不復求所以禦侮之策也前兩廣督臣林則徐在任日多方求外國新聞紙閱之遂知洋情林則徐精忠大節中外所敬豈亦為壞人心術惑人耳目之事乎

一廣譯羣書今日各國風氣大開學問之途日廣中國若專恃海內儒流著書立說其勢必有所不及且農工商兵之學中國專書不盡適用或且無之若不借資外國其學虛立不能成就前上海道馮焌光於同治年間譯西書數十種風行海内人爭讀之有益於中國學問甚大如算學化學諸書是也或云中國卷軸繁富白首難窮何為譯此不知中國已有之書其講道精深者必應謹守中國未備之書有學藝切實者不妨廣求體用本聖學所兼修道藝尤今日之急務考之日

本初變法時凡學凡事惟德國是效及學校功成大加增改遂成為日本之學與德逈殊今我果能博譯羣書實心采法他日必有成學懷忠之士善為去取一旦改觀譯書有用無可疑者擬請

旨於京師設一譯書處外派翰林部員數人牽同繙譯官專司其事譯成一書進呈

御覽後或木印或排印分派京外各衙門以資采用所譯之書以武備為要其他有關士農工商各學者一體譯刻惟取近時新出者為至要西書譯手本少惟日本選譯最精中東同文通才學東文三月便可卒業以後漸推漸廣次第兼及凡東西有用之書皆可供我搜采其獲益將無窮矣

以上八條愚慮所及冒昧上陳是否有

皇太后
皇上聖鑒訓示施行謹
奏

署浙撫余覆奏條陳變法摺

奏爲遵
旨議覆變法事宜擬懇
聖斷先定其大綱分議條目敬獻愚忱並陳管見四條恭摺
仰祈
聖鑒事竊臣於本年正月二十日准兵部火票遞到吏部咨開
光緒二十六年十二月初十日奉
上諭世有萬古不易之常經無一成罔變之治法各省督撫就
現在情形參酌中西政要各抒所見通限兩個月詳悉條議
以聞等因欽此又於三月初三日電奉
上諭變通政治力圖自强非有總匯之區不足以專責成而統
綱領着設立督辦政務處予限兩月現已過期其未經陳奏

者着迅速條議具奏等因欽此仰見我
朝廷惕厲憂勤圖治保邦之至意臣跪讀之下欽佩莫名臣竊
以為法不必分中西而實事惟求其是政無所謂新舊而謀
國務在於强方今
九廟震驚
乘輿西狩人事有亂極思治之象天心有剝極欲復之機臣雖
下愚敢不竭智盡能忘其駑鈍臣謹就變法事宜反覆思維
得其大要數端敬為我
皇太后
皇上擇要陳之臣查中法有不能不變者亦有萬不可變者西法
有不可不學者亦有萬不宜學者萬緒千端殆難悉數臣謹
為提綱挈領之言請

朝廷先定大綱而已大綱維何一改律例二變科舉三設巡捕四行印税臣恭讀

上諭有如何而國勢始興如何而人才始茂如何而度支始裕如何而武備始修等因臣愚以為改律例則用人行政耳目自可一新變科舉則設學專科人才自能日出設巡捕則既可多裁防營以裕餉行印税則更可籌集鉅款以練兵四者之中尤以改律例為最先最急之務查中國六部則例本已美備精詳奉行日久時局遷流弊多利少遂不得不急圖變計若不從此處做起則如水無源如木無本舊弊未除新章不一天下辦事何所依據何能變法蓋改律之事有須改從西律者有須仍依中律者有須每省分議者有須各省合議者有宜行之内地者有宜行之商埠者因地制宜誠如賈生

所言治天下之道至纖至悉斷非各省一奏所能該括詳盡
故改設律例一端實為大綱中之大綱擬請
朝廷首先飭下督辦政務處先於各省開設律法館遴選中西
精於律法之員就中國現有之六部及應行新設之外部商
部分為八類廣取各國現在通行之律擇要繙譯與中國各
省現行之律參互考訂釐定妥章進呈
聖覽批定之後頒行為律則綱領既得條目雖繁不難隨時增
定其餘所請變科舉設巡捕行印稅三端亦情勢相因實為
目前救急之圖亦有不可偏廢不能不行之勢蓋時至今日
非變科舉無以取材非行印稅無以籌款而不設巡捕則亦
終不能行印稅也統候
勅下督辦政務處核議施行大局幸甚天下幸甚抑臣更有過

慮者恭繹

上諭誤國家在一私字誤天下在一例字等因懍佩

聖明無幽不燭然臣以為今日之勢變有形之法易而變無形之法難所謂有形之法例是也改例二字如臣前所云云已可得其大概無形之法私是也去私二字惟在內外大小臣工真實不欺交相儆勵倘仍泄泄沓沓徒有變法之名而徇情面如故用私人如故敷衍公事如故畏難苟安如故不獨無以仰副

皇太后

皇上宵衣旰食之憂勞適足以召外人兼弱攻昧之大患臣憂憤愚衷實深恐懼臣荷蒙

恩遇不次超遷但能圖報涓埃何惜捐糜頂踵更何敢拘泥忌

謹隱忍囁嚅伏願我
皇太后
皇上念禍患之何以忽來推本窮原當以自責挽迴氣數念事機之何以不順察微知著宜以至誠感格天心念國勢之何以不强不必恥目前之賠欵求和而當恥後來之不能振作念人才之何以不出不但責少年之輕躁憤事尤當責老成之貽誤因循念度支之何以不饒當知地力人工利源未濬念武備之何以不振當悟堅船利礮敵愾無人念孟子生於憂患死於安樂之言殷憂所以啓聖念大學忠信得之驕泰失之之訓貧弱當可圖存念臣民屬望之深求艾補牢亟宜早定大計念
祖宗付託之重卧薪嘗膽切切徒託空言總此十念先由我

皇上自儆以儆大臣繼由各大臣自儆以儆僚庶上下一心行之不倦先變無形之法再變有形之法由今之時論今之勢中國尚未始不可轉弱為强轉貧為富者也區區之忱是否有當所有微臣遵

旨議覆變法大綱並陳管見各緣由理合恭摺由驛馳陳伏乞

皇太后

皇上聖鑒訓示再浙省於正月二十日奉文三月十四日覆奏扣算在兩個月限內合併陳明謹

奏

御史陳奏陳治要摺

奏為敬陳內治之要宜及時先去積弊以立紀綱恭摺具陳仰
祈
聖鑒事竊維國家定制以六曹總理庶務若網在綱天下六政咸受成于是法非不盡善然行之既久而百弊叢生者何也官不親其事而吏乃攘臂縱橫而出於其間也夫所謂六政者銓選也處分也財賦也典禮也人命也訟獄也工程也以吏為之銓選可疾可滯處分可輕可重財賦可侵可蝕典禮可舉可廢人命可出可入訟獄可上可下工程可增可減使費既贏則援案以准之求貸不遂則援案以駁之人人惴恐而不能指其非天下之亂恒必由之然而公卿大夫不惟不能擯除且倚若左右手而聽其指揮者何也官非不欲親其

事而例案太繁不肖者與吏分肥任其弄法舞文無所不至其稍能自立者能不假手吏胥而檢查舊檔推究成案吏亦得隱持之然則欲吏殺其權非官親其事不可欲官親其事非省例案不可二百餘年以來名臣魁儒慷慨憂時之士痛心扼腕大聲疾呼以求去其積弊而卒不勝者何也承平之世俗務為踏襲欲舉百司相承之例案拉雜摧燒之此必無之事也臣愚以為天下積重難返之勢障川挽瀾難為功從古亂極思治之時改絃更張易為力自頃京師迭遭兵燹各衙門文卷冊籍蕩然無存吏胥之窟穴其中者亦散而之四方或改他業以去然則昔之痛心扼腕大聲疾呼而求去此積弊而不勝者勝之此其時矣若遲之又久而散者盡歸改者盡復則若輩還定安集之日即有滋蔓難圖之憂臣請

朝廷發一明詔
特簡通知古今公忠識大體之重臣將京中大小各衙門所重
複抵牾奧幽不可猝瞭之例一時權宜可左可右無所折衷
之案一切罷去留其足為典要者遇事比附其無可比附者
均恭候
欽定遵行亦以尊朝廷之意向例司員初到衙門無所事事一
司辦事者不過數人其餘則旅進旅退而已夫司員既不辦
事則每衙門多者數百人少亦百十數人安用此林林總總
者虛糜太倉之粟為哉臣請
朝廷發一明詔自今以始案卷盡提藏司堂司員親手分類記
載續收續記逐日清理無令遺漏初到署之司員分司後一
面閱看則例一面學習檢案檢案能矣即令學習擬稿無一案不

出司員之手檢無一稿不出司員之手裁堂官以是定其賢否而加之黜陟如此而人才不奮者臣不信也夫吏如虎也例案其爪牙也假虎以爪牙而任其搏噬及其傷殺人從而治之常不及之勢也不如去其爪牙而虎自伏今省例案而以官主之亦去吏之爪牙也吏既無所藉手雖欲恫嚇夫誰畏之雖欲婪索夫誰予之如此而積弊不除臣不信也或曰不任吏吏不已贅乎專任官官不已紛乎臣且無暇上徵諸古第即今事以明之軍機處初設擬旨皆大臣主之後乃分任章京其上檔檢案皆由章京之手總理各國事務衙門案牘如山分股章京治之而有餘所謂供事者但供繕寫而已夫軍機者宰相之職天下事無所不綜總理主中外交涉天下安危所係也而可行豈部寺各衙門但司一事者反不可

行哉即如臣督理街道巡視中城蒞事時均將檔案嚴密提取事必躬親從不假手書吏雖當倥偬擾攘之時辨事亦覺順手推之各衙門當亦復然非

朝廷有以鼓舞振興之則泄沓如故舊弊不除且又有甚於今之所云也昔漢臣陳湯云國家議大事非常所見衆必不從今非必異於古所云也臣請

皇太后

皇上獨奮乾斷毅然行之而無疑臣見紀綱肅然人材日競內政自修然後可圖自強天下幸甚管蠡之見是否有當伏乞

皇太后

皇上聖鑒訓示施行謹

奏

江督劉鄂督張會奏條陳變法第三摺

奏為遵
旨籌議變法謹擬采用西法十一條恭摺續陳仰祈
聖鑒事竊臣等籌擬興學育才四條及整頓中法十二條業經兩次會同奏陳在案竊惟取諸人以為善舜之聖也多聞擇其善者而從之多見而識之孔子之聖也是故舜稱大知孔集大成方今環球各國日新月盛大者兼擅富强次者亦不至貧弱究其政體學術大率皆累數百年之研究經數千百人之修改成效既彰轉相仿傚美洲則采之歐洲東洋復采之西洋此如藥有經驗之方劑路有熟遊之圖經正可相我病證以為服藥之重輕度我筋力以為行程之遲速蓋無有便於此者今蒙特頒　明詔鑒前事之失破迂謬之談將采西

法以補中法之不足　虛己之衷恢宏之度薄海內外無不
欽仰翹首拭目以觀自强之政顧西法綱要更僕難終情形
固自有異同行之亦必有次第臣等謹就切要易行者臚舉
十一條一曰廣派遊歷二曰練外國操三曰廣軍實四曰修
農政五曰勸工藝六曰定礦律路律商律交涉刑律七曰用
銀元八曰行印花稅九曰推行郵政十曰官收洋藥十一曰
多譯東西各國書大要皆以變而不失其正為主謹為我
皇上臚陳之

一廣派遊歷　歐美强盛窺伺中國已百年矣中外通商交
涉日繁已五十年矣然而自强無具因應無方馴致妄開
巨釁幾危大局者則皆坐見聞不廣之一病於各國疆域
政治文學武備茫然不知同治季年雖已派遊歷設駐使

遣學生而迂陋謬妄之人聞出洋者之言則詆其妄見總署之官屬則惡其污於是相戒以講洋務為諱甚至上年夏間京外大僚猶有謂洋人不能陸行者有謂使館教堂既燬洋人即從此絕跡者錮蔽至此致召阽危誠可痛矣論今日育才強國之道自以多派士人出洋遊學為第一義惟遊學費繁年久其數不能過多且有年齒較長不能入學堂者有已經出仕不願入學堂者欲求急救之方惟有廣派遊歷之一法觀其國勢考其政事學術察其與我國關涉之大端與各國離合之情事回華後將其身經目覩者告語親知展轉傳說自然羣迷頓覺急思變計惟遊歷之員淺學不如通才之有益庶僚又不如親貴之更有益蓋淺學徒眩其新奇通才乃得其深意親貴歸國所任

皆重要之職事所識皆在朝之達官故其傳述啟發尤為
得力考之經傳則公族世卿時通盟聘徵之近事則俄儲
德藩接踵東來可見此舉為覘國問政之要務擬請
敕派王公大臣以及宗室後進大員子弟翰詹科道部屬各項京
官分赴各國遊歷詢其願往者請
旨遴選酌派不願者聽歸國時察其實有進益之員遊歷一年者
酌獎遊歷三年者優獎惟西洋路遠費多東洋路近費省
遊歷西洋者其獎擢名次在遊歷東洋之先其未經選派
自備資斧遊歷者聽歸國時一體考察給獎其蒙獎者量材
任用以後新派總署堂官章京海關道員出使大臣及隨
員必選諸曾經出洋之員惟遊歷人員才識高下不同未
必人人皆有實濟故必須多選數十員或百員陸續派往

以備將來選擇拔擢經費雖多萬不可省至此後各省督
撫司道府殆無一衙門無交涉事件者若仍前拘墟固執
全無考究必致因應失宜即京城各部院雖各有職司然
不通外情則處事建言動多膈膜此非多儲通才無從供
用並擬請明定章程自今日起三年以後凡官階資序才
品可以開坊缺送御史升京卿放道員者必須曾經出洋
遊歷一次或三年或一年均可若未經出洋者不得開坊
缺送御史升京卿放道員如此則自備資斧遊歷者必多
通才日衆而經費不勞官籌矣至外省府廳州縣諳悉交
涉者尤罕以後內河行輪聯單辦貨入山開鑛傳教遊歷
勢將各縣皆有尤恐動滋事端并請
敕下各省督撫選派官員出洋遊歷實缺官願往者免開其缺遊

歷一年者外獎三年者
奏請內獎經費准其開支自備資斧者從優請獎其獎擢名次亦以西洋東洋為先後惟游歷實效以徧游歐美日本為全功而以先游日本為急務蓋游歷者若無繙譯相隨瞠目汎覽仍無所得東瀛風土文字皆與中國相近華人僑寓者亦多繙譯易得便於游覽詢問受益較速回華較早且日本諸事雖仿西法然多有參酌本國情形斟酌改易者亦有熟察近日利病刪減變通者與中國采用尤為相宜嘗考西國興盛之初皆由游歷而起求新地涉冰洋探南極窮幽極遠備歷艱辛於是見聞日廣智慧日開遂成富強之策今日歐美各洲無一水不通輪船無一國不通鐵路商旅如織學校如林有繙譯為之傳達有駐使為之

照料較之西人之游歷甘苦迥殊取益尤易觀其事
其實效見其新器求其新書凡吏治財政學制兵備一一
考詢記錄携之回華以供我之采擇而仿行焉開聰明而
長志氣無過於此無速於此今
朝廷銳意求治采取西法夫西法非數言所能盡其要領亦非
耳食所能究其異同出洋之員既多則互相發明利弊自
見故今日欲起積弱而抗羣強其開此第一扃鑰必自游
歷始
一練外國操　伏讀
諭旨有云
懿訓以為取外國之長乃可補中國之短夫外國之所最長者莫
過於兵矣古聖人師蟻為陣師蠡為舟取益無方正見宏

大兵事一端尤須知己知彼相機因應故吳欲伐楚則學
車戰晉欲敗狄則改步卒漢伐匈奴則用越騎晉平孫吳
則造樓船皆係仿彼之長補我之短
聖祖仁皇帝征三藩則用西洋人南懷仁鑄紅衣大礮至今礮上尚鑄
有南懷仁之名
高宗純皇帝征金川則於香山仿造石碉令禁軍習攻碉之技要皆用
外國之利器攻敵人之專長此則　神謨武烈兼采衆長
不囿成見之明效也西國自百年以來日與羣強相角故
兵事講求最精一一著有成書愈推愈密迥非野戰之比
紀律既肅火器尤精至於測量繪圖人人通曉工程輜重
醫藥事事周詳查二十年來各省練習洋操屢奉
諭旨乃近年忽有人創為西操不如中操之空言槍礮不如刀矛

之謬論不知中國向無快槍快礮地雷電綫行軍鐵路等事若只用綠營勇營老陣並不知此各項器具名目形式用法平日何從操練臨戰之時敵槍敵礮發於二三里六七里之外刀矛只及五步之內不待敵軍迫近而已全軍盡沒矣與之交戰且不能而況於取勝乎查營制操法歐美各洲各國大率相同其畧有參差者不過微末小節良由各國相尚以兵故推求極精不能改易試思環球各強國其練兵皆同此一法而謂中華兵力最弱之國反能別創一器一法以取勝此事理之所必無者也此皆由舊日將領於新式快槍快礮既未深諳於西法營陣濠壘測繪諸事尤未講習且年力已衰習氣已深養驕畏難不願降心考究其甚不肖者更以西法營制嚴明不能作弊故平

日則以罕言欺人臨陣則倉卒奔潰前鑒具在可謂創鉅
痛深相應請
旨通諭中外統兵大臣督撫提鎮嚴飭各營將士必宜洗心滌慮
趕緊講求練習外國操之法斷不可故見自封再誤國事
滑惰搪塞者黜之但學皮毛不解實用者撤之惟是欲求
實用必須將東西洋武備諸書詳切講明一一照辦斷無
鹵莽捷獲之方查各國武備學堂其教將練兵要指約有
十二一曰教士以禮使知有恥自重之法一曰調護士卒
居處飲食之法一曰講明槍礮彈藥質性源流之法一曰
槍礮綫路取準之法一曰掘濠築壘避槍礮之法一曰馬
步礮各隊擇地借勢之法一曰測量繪圖之法一曰隊伍
分合轉變之法一曰守衛偵探之法一曰行軍工程製造

之法一曰籌備行軍衣糧輜重之法一曰行
上自統領下至哨弁人人皆須通曉惟西人兵制營中從
無用教習之說營哨官皆係讀書通文理之人既由學堂
教成而又入營練習一兩年者始能派充若統領則必須
由營官又入大學校學習數年始能擢任故學堂有教習
而營中無教習其臨敵調隊擇地進營皆聽命於營官施
放槍礮之遲速指示表尺之遠近皆聽命於哨官而營哨
官又豫先禀承大畧於統領其平日操場之演習講堂之
教授皆係統領營官哨官兵勇節節指授親口自傳口令
故統領所知所能必勝於營官營官必勝於哨官哨官必
勝於兵勇方能勝任若統領營官懵然不解專恃教習教
操則雖有教法而無權力平日操練斷無進益臨敵仍是

營哨妄行調度所學全歸無用查日本設有戶山學校因日本早年將士素以長刀擊刺為長不以火器西操為善故特設此學使舊日將領常至其中看新法將兵之操練討論如何變通改練之法討論既久遂漸知捐棄故技中國欲開啟宿將偏執空談之弊此舉亦可仿行能領悟講求者用之不能改悟者只可任以綠營緝捕彈壓之事不宜使帶精練備戰之軍此時改章之初統領營官但須粗通文義哨官但須畧能識字數年後武備學堂人才漸多則非學堂出身者不得派充統領營哨各官方能一氣貫注至西人平日操練時體恤指授之實功臨戰應敵時鼓勇決勝之關鍵注重全在哨官此項人才尤宜精選總之今日練兵最急練將尤急欲得精兵必取年在二十歲以

下者教之欲求良將大率必取年在三十歲以下者教之取年在四十歲以下者選擇而酌用之若震於宿將之虛名則武備永無起色臣等渥荷
厚恩當此創鉅痛深之日灼見練兵一端必須改弦易轍乃可圖存不敢不力破迂妄之說免其欺誑
朝廷而終誤國家也抑練兵尤有要者外國於其都城皆設有專管籌畫兵事之大臣英法德等國名曰總營務處日本名曰參謀本部略如宋人樞密院之意專掌全國水陸兵制餉章地理圖籍操練法式儲備糧餉轉運車船外交偵探等事平日之豫籌臨時之調度皆以此官掌之與今日之兵部但司冊籍者不同與軍機處之內外文武大政無不統管者亦不同蓋諸事豫籌則軍儲備專官經理則考

核精全國之軍歸一衙門綜理則餉械操法事事畫一大臣督察則外省廢弛不講者不能隱飾中國欲練精兵非設此衙門不可其章程請

敕出使大臣李盛鐸向日本索取譯寄采擇用之惟其參謀部總長須深於兵事起自行間者方使任之並非僅用親貴資格中國欲設此官自宜先擇深於外國兵制操法者方為有益若仍以舊日軍營諸將之議論為衡恐反多掣肘而害事矣中外文武大員能語此者恐不易得擬請在京先設一參謀館訪求各國兵書選四五品以下各官令其考訂采擇隨時亟詢日本參謀部務須盡解其精意並隨時諮商外省督撫衆議允協編纂成書再由政務處奏請

通飭遵辦方免窒礙此則慎重而求實之策也

一廣軍實　和局雖定戰備不可不修我無戰具則各國共內逼矣經費雖艱軍械不可不製不製軍械則將士永不知今日戰陣為何事矣太廠自難多開小廠必須努力現在外洋軍火既禁兩年無從購辦江鄂兩局豈能供海內之取求此後江鄂兩局除加功精究籌款擴充並於廠內設立學堂以教員弁外并擬設法籌款自造槍機礮機彈機以待各省購用學製庶免專恃外購仰他人之鼻息增中土之漏卮至直隸各局自必設法修復擬請將廣東山東四川三省製造局極力擴充其餘南北各省皆令設法籌款量力各設一製造局款多則兼煉鋼造槍造彈三事款少則兼造兩種再少則只造彈一種若慮機爐大工費鉅則煉鋼爐每日出鋼一噸半噸者亦可槍機每年出數

百枝者亦可槍彈機則每年出一二十萬者亦可蓋槍礮一事其用甚急其理甚精深通甚難近年各將領諳曉新式槍礮者實不甚多百人中不能一二文員則千人中不能一二此臣等所考校而深知者若不令切實講求則械彈潮鏽零件損失全然不覺藥力彈路相時取準全然不知至於修理機簧開花引信更所不解平日不能操臨戰不能用故沿邊省分必須每省量力各設一局瘠遠省分或兩省共設一局但令小具規模即可並由各省派遣武員來江鄂兩省製造局學習如能派人赴日本各國學習尤善庶幾督撫及將領文員皆可切實考究俾知新械之精價值之貴製造之難練習之不易平日則不致損傷有事則執諳施放將弁之明昧可以考驗戰事之難易可以

曉悟且一年數百枝十年則數千枝求艾雖遲終勝不蓄
至於自造製械之機尤為防患塞漏之要著臣等當設法
籌欵奏明辦理此不特儲械之長策兼亦練兵之實際也
一修農政　中國以農立國蓋以中國土地廣大氣候溫和
遠勝歐洲於農最宜故漢人有天下大利必歸農之說夫
富民足國之道以多出土貨為要義無農以為之本則工
無所施商無可運近年工商皆間有進益惟農事最疲有
退無進大凡農家率皆謹愿愚拙不讀書識字之人其所
種之物種植之法止係本鄉所見故老所傳斷不能考究
物產别悟新理新法惰陋自甘積成貧困今日欲圖本富
首在修農政欲修農政必先興農學查外國講求農學者
以法美為優然譯本尚少近年譯出日本農務諸書數十

種明白易曉且其土宜風俗與中國相近可仿行者最多其間即有轉譯西國農書一切物性土宜之利弊推廣肥料之新法勸導獎勵之功效皆備其中查光緒二十四年九月曾奉

旨令各省設農務局擬請再降

明諭切飭各省認真舉辦查漢唐以來皆有司農專官並請在京專設一農政大臣掌考求督課農務之事宜立衙門頒印信作額缺不宜令他官兼之以昭示　國家敦本重農之意責成既專方有成效即如我

朝官制於禮部外另設樂部其意可師京師農務大學校即附設農政衙門之內其衙門宜建於空曠處所令其旁有隙地以資考驗農務實事之用勸導之法有四一曰勸農學

學生有願赴日本農務學堂學習學成領有憑照者視其學業等差分別獎給官職赴歐洲美洲農務學堂者路遠日久給獎較優自備資斧者又加優焉令其充各省農務局辦事人員一曰勸官紳各省先將農學諸書廣為譯刻分發通省州縣由省城農務總局將農務書所載各法本省所宜何物擇要指出令州縣體察本地情形勸諭紳董依法試種年終按照飭辦門目填注一冊土俗何種相宜何法已能仿行何項收成最旺通稟上司刊布周知有效者獎揑報者黜每縣設一勸農局遴集各鄉紳董來局講求凡穀果桑棉林木畜牧等事擇其與本地相宜者種之養之向來不得法者改易之貧民無力者助之資本種養得法者官賞以酒肉花紅數年之後行之有效紳董給獎

中者獎以督撫匾額上者獎以銜封出力兼捐資者獎以
御書匾額地方官有效得獎者加級准其隨帶公罪可從寬免其
最優者獎實在升階地方官不舉辦農政者照溺職例參
革一曰導鄉愚各項嘉種新器鄉民固無從聞知僻縣亦
難於購致宜由各省總局多方訪求籌款購辦仿製昔齊
桓公獻戎菽宋仁宗求占城早稻漢武帝令大司農從趙
過造便巧田器皆農務宜求嘉種新器之明證應先於省
城設農務學校選中學校普通學畢業者肄業其中並擇
地為試驗場先行考驗實事以備分發各縣為教習並將
各種各器發給通省令民間試辦先則概不取價有效則
畧取價值務令極廉其試辦之法先其通用者後其專門
者如講求各種肥料仿造各種風車水車去害稼各蟲每

勸種番薯羊芋水澤種葦斥鹵種秫之類先其本輕者後
其費鉅者如種樹先榆柳果實後松杉畜牧先雞鴨牛羊
後騾馬之類先其保已有之利者後其開未見之利者如
察病蠶講製茶求棉種之類先其獲利速者後其見效遲
者如種蒲桃取酒桐桕取油種樟取腦先求蜂種求魚種
為後之類一曰墾荒緩賦稅今日籌度支者多以墾荒為
言夫墾荒而責以升科此荒之所以不墾也計髮捻平定
以後已四十年晉豫大祲以後已二十年生齒之蕃已復
其故平原沃壤江岸沙洲大率皆已墾種無遺其因虧本
爭訟而荒廢者僅千百中之一二所謂荒者不過官吏捏
飾豪民匿報實係未墾者深山之巖谷沿海之斥鹵而已

墾山地者人勞利薄又以村孤人少時有不虞故開闢有限墾海灘者捍潮變鹻費多效遲人煙稀少守望不易故聽其荒廢然而材木之利必資於山統計中國全局仍是山嶺多於平地至沿海北起榆關南迄通海延袤二千餘里若山嶺聽其為榛莽海濱聽其為斥鹵實為可惜今日欲興農務惟有將墾荒升科之期格外從緩而又設法以鼓舞之能開山地者報官給照寬期升科多開者種雜糧至十石種以上種樹至一千株以上酌予獎賞查各省高山無論多土多石皆能種樹眞係不毛者甚少故歐美各國從無無樹之童山而考課林木之實在有效與否尤為顯易此事宜責成州縣由總局委員依限往查其山上有無樹木一覽而知不能掩飾如此則山地之利開矣墾一畝

灘者亦報官給照資本較鉅升科之期尤須從寬格外
種草木俱聽其便斷不必強令開作稻田並擬采用徐貞
明之說一人能開若干頃者獎以職銜封典如此則海灘
地之利開矣至於沿江沿河沙洲皆係沃壤私墾者尺寸
無遺隨年增長貧民畏坍漲之無常而不敢報勢豪貪無
糧之腴壤而不盡報往往爭訟膠葛械鬬繫滋今宜查明
實數除已報墾納糧者不計外亦造冊給照寬期升科即
以此田作為試驗農學新法之地即責成原墾之人自願
照新法試行者呈明願種何物或種美國肥大之棉或種
代蔗造糖之西國蘿蔔美國蘆粟等類或仿照美洲牧牛
牧豕機器耕田之法以及各種相宜之種植畜牧因洲田
皆係水濱大地故於西法農務相宜數年以後官督紳董

查明有成效者即給予管業且予獎賞苟且敷飾並不遵行者其地本係官地罰令入官如此則洲地之利開矣所有種種畜牧各物無論山地海灘地洲地凡係新增名目運往各處十年之內概免釐稅地利既闢農學之效既見風氣一開仿行必衆其為益於

國家者宏且遠矣豈在目前徵糧納稅之微末乎此外則沿海有種蠔種蜆之法内海有捕海魚采海味之利本多而利厚外國最為講求注意近年反仰給東洋坐失己利應責成該處州縣勸集公司舉辦紳富助資借本與該公司者分別旌獎至東三省地方廣濶土脈最厚荒地尤多然必須力强背饒才能率衆者方能前往開墾並零星農民所能濟事擬請特定章程一人能開田若干頃者從優獎以

賓官紳富助資借本者分別旌獎以期鼓舞此亦實根本息盜賊之計也再蒙古生計以游牧為主近數十年來蒙部日貧藩籬疎薄亦請

敕下蒙古各部落王公暨該處將軍大臣酌擬有益牧政事宜奏明辦理至向章每年內地各省出口買馬者須在兵部請領馬票進口後仍須赴部烙驗章程甚密道途亦多周折購馬之費既多則馬價必未減省故口馬之銷路不旺查北省耕地兼用馬運載多用騾若內地馬多於農事亦有禆益方今蒙古之與腹省情同一家似不必多設限制擬請

敕部酌議將請領馬票之例量加改定販馬入口貿易商民出口購馬者均聽其便但令販馬商民於本商報明咨部並由

各口具報一數以備稽核則口馬之銷路既旺而蒙古生計亦可稍紓矣

一勸工藝　世人多謂西國之富以商而不知西國之富實以工蓋商者運已成之貨工者造未成之貨粗者使精賤者使貴朽廢者使有用有工藝然後有貨物有貨物然後商賈有販運考工記曰百工之事皆聖人之所作中庸曰來百工則財用足夫以足財歸之於工此古聖人富國之要策重工之微旨也不惟此也商之盛由於財力必資本充而後盈餘厚故計銀錢以為本息工之盛由於人力有一人之技藝則有一人之成器故計人以為本息外國財多中國人多今日中國講富國之術若欲以商務敵歐美各國此我所不能者也若欲以工藝敵各國此我所必能

者也觀工之道有三一曰設工藝學堂堂中課以格致名理讀書通文理之文士敎以物理學化學算學機器學繪圖學學成使為工師擇聰敏少年之藝徒敎以運用機器之方辨別物料之法各種緊要製造之程式鎔銅打鐵煉鋼解木柔革燒火輾造水泥煉焦炭各門之實事學成使之為匠目蓋外國工師皆是學人與匠目不同一深通其理而亦目驗其事一身習其事而亦漸悟其理學問實者工師亦可動手作工閱歷深者匠目亦能自出新意至學堂大小工藝門類多少則視其經費酌辦漸次擴充萬不可緩一曰設勸工場西國常有賽會之舉聚本國他國之貨物萃於其中人見己國貨精工巧則來購者多我見他國貨精工巧價貴銷多則力求進步此歐洲賽會之本意也

日本效之故設勸工場亦名貨物陳列所今宜於沿江沿
海及內地各省大城巨鎮各設勸工場一區備列本省出
産貨物工作器具縱人入觀外國人尤要一以察各國之
好惡一以考工藝之優絀使工人自相勉勵此事並不甚
難惟在
朝廷嚴飭各省切實舉行並將出産若干種人工製造若干種
每年奏報若經過海關出口之土産名目增多工匠製造
新器增多工廠增多者藩司關道有獎不辦者予以處分
則無形之中收效多矣一曰良工獎以官職按考工記曰
國有六職百工與居一焉故考工記之官皆專門工匠也
擬懇
朝廷明定章程各學堂學成之工師及各局製造有效之匠目

准由各省考驗確實分別保奬工師授以文職匠目授以武弁如有文士藝徒自備資斧至外國學堂工廠學習有成者驗其憑照授其等差分別保奬官職尤較在中國學習者更予從優三事並行中國工藝自然日進假如愚民小工一月得工錢三四千者學成後一月可得工資銀數十元土貨一年出口值二百兆者以後若能每年加增十分之一十年以後出口之貨即可加倍關稅之多自不待言至於自創新法造成各種貨物者給予牌照准其專利若干年凡人工所成之貨釐稅尤須從輕新出式樣並免釐稅三年亦為鼓舞工藝之要務總之欲養窮民査荒地不如勸百工欲塞漏卮拒外人不如造土貨富民富國確實可憑如此則但患生齒之不繁耳豈患生齒之日繁乎

一定鑛律路律商律交涉刑律　中國鑛產富饒蘊蓄而未開鐵路權利兼擅遲疑而未辦二事久為外人垂涎近數年來各國紛紛集股來華知我於此等事務尚無定章外間情形未能盡悉乘機愚我攬利侵權或藉開鑛而攬及鐵路或因鐵路而涉及開鑛此國於此省倖得利益彼國即於他省援照均霑動輒號稱某國公司漫指數省地方為其界限祇知豫先寬打地段不知何年方能興辦近年法於雲貴德於山東英意於晉豫早有合同章程紛歧恐未必盡能妥善此次和議成後各國公司更必接踵而來各省利權將為盡奪中國無從自振矣且此後內地各處鑛務鐵路洋人無處不有不受地方官約束任意欺壓平民地方官只有保護彈壓之勞養兵緝捕之費無利益可

需無植弊之術一日[illegible]如[illegible]如[illegible]立[illegible]核近
多人賠償巨款為害何可勝言此必須訪聘著名律師采
取各國辦法秉公妥訂鑛路畫一章程無論已經允開允
修之鑛路未經議開議修之鑛路統行核定務使界址有
限資本有據興辦有期國家應享權利有著地方彈壓保
護有資華洋商人一律均需洋人有範圍則稍知斂戢平
民免欺侮則漸泯猜嫌至滋生事端公司受累亦須分別
有因無因辦犯賠償亦須豫定限制庶中國自然之大利
不至為中國無窮之大害尤今日之急務也再互市以來
大宗生意全係洋商華商不過坐賈零販推原其故蓋由
中外貿遷機器製造均非一二人之財力所能所有洋行
皆勢力雄厚集千百家而為公司者歐美商律最為詳明

其國家又多方護持是以商務日興中國素輕商賈不講商律於是市井之徒苟圖私利彼此相欺巧者虧逃拙者受累以故視集股為畏途遂不能與洋商爭衡况凡遇商務訟案華欠洋商則領事任意要索洋欠華商則領事每多偏袒於是華商或附洋行股分略分餘利或雇無賴流氓為護符假冒洋行若再不急加維持勢必至華商盡為洋商之役而後已必中國定有商律則華商有恃無恐販運之大公司可成製造之大工廠可設假冒之洋行可杜華商情形較熟工價較輕費用較省十年以後華商即可自立駸駸乎並可與洋商相角矣且徵收印花稅其公司工廠行棧掛號等費皆係與商律相輔而行之事必有商律方能興辦故又不可不急行編定也至刑律中外迥異

[illegible]可定然交涉之案華民西人所犯之事輕重[illegible]訊之法亦多偏重除重大教案新約已有專條無從更定外此外尚有交涉雜案及教案尚未釀大事者亦宜酌定一交涉刑律令民心稍平後患稍減則亦不無小補擬請由總署電致各國駐使訪求各國著名律師每大國一名來華充當該衙門編纂律法教習博采各國鑛務律鐵路律商務律刑律諸書為中國編纂簡明鑛律路律商律交涉刑律若干條分別綱目限一年内纂成由該衙門大臣斟酌妥善請

旨核定照會各國頒行天下一體遵守惟所有各國律師必須確係律學著名曾辦大事之人不妨優給薪水庶各國聞名敬服知中國鑛路商各律及交涉刑律係其訂定不致爭

執妄駁方為有益此項教習其合同內須議定歸鑛路商
務大臣節制並隨時與該衙門提調商辦一面於該衙門
內設立鑛律路律商律交涉刑律等學堂選職官及進士
舉貢充當學生纂律時幫同繙譯繕寫纂成後隨同各該
教習再行講習律法學習審判一兩年四律既定各省凡
有關涉開鑛山修鐵路以及公司工廠華洋錢債之事及
其他交涉雜案悉按所定新律審斷兩造如有不服止可
上控京城鑛路商務衙門或在京審斷或即派編纂律法
教習前往該省會同關道審斷一經京署及律法教習復
審即為定讞再無翻異京城學生畢業并須隨同洋員學
習審判此等案件學成後即派往各口充審判官隨時添
選學生接續學習以期多儲人才此又關大局[illegible]

為我編纂四項新律兼能教授學生即可長留在京以備
諮訪而資教授果能及早定此四律非特興利之先資實
為防害之要著矣

一用銀元　銀元之利有三平色畫一出納分明吏胥不能
舞弊勒索官民不致貼補受累一也商賈交易簡捷無欺
駔儈無權既益於行旅亦便於匯兌二也官款收發全用
銀元以大元為母小元為子相輔而行工火局用外尚有
盈餘三也惟官發之款若係采辦官物製造工料等事商
民物價工價必然暗加其中且出納皆以大元為主小元
不能過多然鑄數發數既多盈餘亦尚不少此為整齊銀
幣之善政尚不在有無盈餘也惟有最要兩義或謂中國
用銀皆以兩計各國洋銀皆係七錢二分宜每元改為一

兩方為整齊適用此論未嘗無見特是錢幣之制權量之法必先有雄厚之力乃能操轉移之權中國財窘商弱不能自為風氣以後尤甚若銀元輕重恰與洋銀相同尚可依傍洋銀而行設改為一兩與洋銀數目參差恐沿江沿海洋行不肯行用商埠不行內地必阻故仍須鑄七錢二分者方有暢行之益或又謂官收則按庫平庫色補足官發則以銀元當紋銀計算不必補水部庫可歲得鉅款此則萬萬不可出納必須一律商民方能流通蓋交官之款自必指定專收中國龍紋銀元然則收款所進之龍元仍是官局發出之原物必官先發一萬然後民間有交官之一萬是官款發出時已先將此一萬之盈餘扣收在庫矣果能收發一律則商民信用不疑散布天下或辦貨或積

存戶輒有巳大率皆在民間豈能將各省券出之數全以
繳納官款還之於庫乎若出納不一則民間亦以九成視
之其勢斷斷不能通行且為英國麥西哥日本諸國銀元
所軋必致從而壓價每元尚不及九成之實數華商自行
壓價何論洋商商埠既須折算民間安肯收用壅滯虧折
其損多矣尚何盈餘之有乎昔咸豐年間嘗行鈔票矣徒
以計臣不知理財之大道不考宋人交子會子之用法不
籌票本其意但欲出空紙以換實銀於是出納兩歧發款
搭成多收款搭成少或收款全不准搭或發款全用鈔票
戶部既不視為實銀民間亦遂視為虛器數年之後壅廢
不行鈔票一百值銀二兩此乃前車之鑒萬不宜以此自
阻銀元之銷路也

一行印花稅　查外國征商之政除煙酒洋藥外大率皆無關稅其巨款全在印花稅凡有關銀錢物業之契約單據須用官局印花黏貼其上其大意在抽銀不抽貨抽已賣之貨不抽未賣之貨抽四民百業凡有進項之人不僅抽商賈貿易之人故西人解印花稅之義曰此乃銀錢稅也今日籌款此事似可仿行且洋關現議加稅外人必欲免內地釐金若行印花稅尚可藉資抵補查各國印花稅章程光緒二十二年曾經總署飭各駐使向各國查取譯送惟英國印稅章程最為詳密且係參贊馬格里所譯解說亦較明晰日本於前三年新經改定於東方情形為較近但中外情形略有不同外國商富民饒產業價值貴銀錢往來多故所抽鉅中國商貧民苦本業既微轉移亦少如

契約合同股票匯票期票提單之類皆屬有限其遺產一
項英國最為鉅款其重稅全在旁支承受親友分得每年
總數收十四兆餘鎊而遺產一項多至八兆餘鎊中國產
業本廉又係子孫相繼故此稅勢不能多然中國若能辦
成即較英國得二十分之一亦可徵銀五六百萬但其查
考領用之法分別差等之數甚為繁細查英法徵收印花
稅初辦時亦多梗阻皆係第二次改章始克暢行中國初
辦之時隱匿必多推敲過細不免紛擾只可稍為從寬不
求算無遺策必須十年八年以後稽核之法漸周自然日
臻暢旺矣應請
敕查各國章程斟酌妥議舉辦
一推行郵政　查外洋各國郵政為籌款一大端大率歲入

皆銀數千萬兩而遞信最速中國驛站為耗財一大端歲
費約三百萬兩而文報最遲盈虧相反遲速亦相反然則
此事必宜變通可知其故由於有驛州縣馬必缺額又復
疲瘦州縣以此為津貼管驛家丁以此為利藪故文報必
致遲延官紳書信間有外加馬封附文遞送者有驛官以
其非例准之條又係不費之惠故既不駁回亦不收費浮
沈聽之州縣不當驛路者設鋪司武官文報交塘汛其延
擱更甚於驛站中國既無郵局於是英德美日本諸國在
中國自設信局侵我利權實非萬國通例自光緒二十一
年奉
旨飭催總稅務司赫德辦理光緒二十二年沿江沿海漸設郵局
附於海關稅務司兼辦於是沿江沿海公文私信迅速勝

前而信資極省因稅務司禁信局由輪船寄信而又慮信局滋關故內地信函仍由信局轉遞轉交其章程每代信局寄信一包重一鎊者收費一角而信局一鎊重之包封其包內之信少者二三十封多者五六十封其收民間之費每信一封至少須制錢一百故稅司所設之郵局用費不敷尚多此蓋因壟斷而生調停因調停而致賠累今擬於各省州縣徧設郵政局即令州縣管理由省城總局妥定章程刊發印花領用粘貼用過照數報銷即以原有驛站鋪司各經費撥充局用內河內地分別設立快划快馬健夫馳遞明定章程准帶官民私信所有京外文武衙門文報書信統歸此局遞送其文報責成仍照驛站向章其信資務宜從省以廣招徠如有欲匯寄銀錢及陸票者亦

准附帶但須照海關郵局章程每信一封至多准寄或洋銀十元或銀七兩其原有信局聽其自然民間帶信或託官局或託商局均聽其便官局若費省而迅速自然來者日多查核該縣官局每年用去印花之數即知所收信資之數計該縣一年收費若干即於次年發驛鋪經費時扣除若干行之既久信資日增驛費日減十年之後專取信資即敷局費驛鋪各費可以全行省出惟外國識字人多故書信多中國識字人少故書信少此等創辦之事不能遽計贏餘但使驛鋪經費專取之於信資則每年可省用欵三百萬矣至該縣地勢不同或馬或船或夫或水陸互用統由該縣酌量不為遙制但以妥速為主其局費統於驛鋪經費內自行酌劑支用其局即設衙署內並無另需

費用並須於境內大鎮酌設分局此局不須多人亦無多事但派一人駐於客棧即可或附於店鋪代辦亦可但經管發印花收信函收信資而已並無多費未收信資之先絕不裁減驛費亦不再發一錢此事於國有益於民亦便於商局無傷於州縣亦毫無所損以後該州縣所收信資如已敷向來請領驛鋪經費之數其盈餘者解歸省局充公仍提三成作為該州縣獎勵以為創辦奮勉者勸統計各省繁盛城鎮約有二百餘處驛費既敷以後每年亦可得進款二三十萬此時沿江沿海地方其由輪船者暫歸稅司內河無論輪船民船及岸上陸行者統歸州縣暢行以後再行體察情形如能並江海輪船郵局亦歸之州縣勿庸稅務司兼管尤為善策至與各國商明中國亦入郵

政公會一節此時華洋人寄信不多尚可從緩惟各省郵
局應名曰驛政局以免與稅司之郵政局相混應由各省
督撫督飭臬司責成州縣設局辦理省出之費彙解藩司
並不需用洋員以杜干預內政之漸且免與有驛州縣遞
送文報膠葛窒礙海關郵局未歸州縣之先郵政局與驛
政局彼此互相代寄信件內地寄內地者祇貼驛局印花
內地寄通商各口者加貼郵局印花一分通商各口寄內
地者加貼驛局印花一分其驛局與郵局彼此往來交易
一切細章隨後詳酌至鐵路通行之處所有鐵路常年受
國家保護維持應為
國家遞送書信徵申報效之忱沿路各州縣應得專差附搭火
車往來經管信件不取車費惟萬不可將公文信件交與

鐵路公司經管致啓授權外國之弊總之此事若歸州縣兼辦則費不另籌局由州縣酌設進退裕如即無大益亦無所損即或無贏亦必無絀若另行委員設局則
廷寄奏報要件設有遲誤必多推諉故惟有責成州縣之無弊也

一官收洋藥　方今籌餉最急然而零星羅掘難得鉅款釐金將撤礙難再加鹽價屢加亦難過重惟有加價於洋藥則不病民而增鉅餉查法國及西班牙運售火柴呂宋煙日本在臺灣收售洋藥土藥皆由公家收買分銷今擬仿照其法檢海關貿易冊光緒二十五年洋藥進口銷售者五萬九千一百六十一擔溯查以前五年大率五萬擔上下最多者六萬三千一百餘擔最少者四萬八千九百餘擔每擔一百斤以六萬餘擔計合九千六百萬兩現在時

價每兩價銀五錢姑以大率作一萬萬兩計算共計價銀五千萬兩稅釐在內擬以後由官設局在各關進口時全行收買然後轉發散商分銷各省照時價加二成發商轉運專售除稅釐照數撥還海關外計每年可得盈餘一千萬兩官局先向洋商總收繼聽華商領運發商以後運赴何路價值低昂銷數盈絀全不過問尤為簡易但每兩五錢係華商轉售之價其中必有餘利然則買價尚可在五千萬兩之內惟香港及沿海一帶須設巡緝小兵輪數艘光緒十三年赫德開辦洋藥稅釐併徵時創設巡輪其船式船數地段經費及巡緝之法總署均有奏案可考上海宜設總局各海關進口處所宜設分局計巡船及總分局委員司事人役經費約計需銀二百萬兩以內開辦之初

須籌銀一千萬兩以為資本即向外國銀行息借應用分為十年歸還此乃有著之還款利息必輕先與議定總數隨時陸續提用起息除去巡船局費歲還借款本息實可得銀七百萬十年後借款還清即可歲贏八百萬洵為鉅款先行試辦一年辦有成效一年後再加價一成則盈餘更鉅若華商運銷暢順以後售價仍可相時酌加即加價五六成以至加倍亦於良民無損設或因加價滯銷候至半年尚無起色則酌量減價極之仍照向來售價自可銷出亦必無賠折之理向來洋藥到口未必立時全行銷去今由官全數收買亦於洋商有益可與該洋商議明每年共分幾批每批貨到立時付定銀二三成其餘付給三個月期票三月以後自然華商分來領運即以商資轉付洋

商惟初行加價轉售之華商必然觀望希圖減價不及半年存貨已盡斷不能始終把持故必須寬籌半年資本方能堅持定價然洋商既可收期票故只須籌三個月之費即已足敷周轉自去年土藥加稅三成以後土藥運銷之數並未減少然則洋藥加價二三成亦必無礙藥商未必始終抗阻至內地土藥業經加收稅釐三成則英商當亦無所藉口若各官局有未經照加者應查明切飭一律實加三成其巡船未造成之先可暫以南北洋兵輪充用經費亦可稍省此舉應先與英國商明訂立專約每年包銷六萬擔不准多運來華包收二年二年後體察情形再訂續約近十年銷數不旺至光緒二十五年而始多今每年有切實銷數英人當亦樂從惟華商出洋私運進口不

可不防若非英國實力助我防察斷難盡行杜絕除巡船
稽查外應與英國切實議定只有各口官收英商不准絲
毫私售華商以杜影射如查出有華商私買私運重立罰
約印度若不濫售則偷運之弊立窮在我防之則甚難在
英人禁之則甚易此為第一關鍵若英肯訂約實辦則此
舉之有益巨餉確有把握矣擬請
欽派大臣一員駐滬辦理此事名為總理藥務大臣此事任重款
鉅而其事甚簡只須操守廉正確實可信於外國情形不
隔閡者即可勝任其各口分局委員統聽該大臣選派考
核隨時偶一分往巡察此舉在中法則無害於民生在西
法則無礙於商務應請
朝廷飭議迅速施行

一多譯東西各國書　今日欲采取各國之法自宜多譯外國政術學術之書譯書約有三法一令各省訪求譯刻譯多者准請獎然經費有限書不能多也一請

明諭各省舉貢生員如有能譯出外國有用之書者呈由京外大臣奏聞從優獎以實官或獎以從優虛銜發交各省刊行如此則費省矣然外國要書流播入中國者無幾不能精也一請

敕令出使大臣訪求該國新出最精最要之書聘募該國通人為正繙譯官即責令所帶隨員學生助之通洋文而文理深者充副繙譯官文理優而洋文淺者充幫辦繙譯官其全不通洋文而文理平常者不准充出洋隨員學生以杜濫竽糜費之弊限三年之內每人譯書若干種每種若干字

回華繳呈不得類缺短缺及過少者不准保舉如此則去
時洋文雖淺歸時洋文必深於隨員學生之學業暗中多
所成就而所譯皆切用之書矣然猶不能速也并擬請
敕令出使日本大臣多帶隨員學生准增其經費倍其員額廣蒐
要籍分門繙譯譯成隨時寄回刊布緣日本言政言學各
書有自創自纂者有轉譯西國書者有就西國書重加刪
訂酌改者與中國時令土宜國勢民風大率相近且東文
東語通曉較易文理優長者欲學繙譯東書半年即成鑿
鑿有據如此則既精而且速矣
以上各條皆舉其切要而又不可不急行者布告天下則不
至於駭俗施之實政則不至於病民至若康有為之邪說謬
論但以傳康教為宗旨亂紀綱為詭謀其實於西政西學之

精要全未通曉茲所擬各條皆與之判然不同且大率皆三
十年來已經奉
旨陸續舉辦者此不過推廣力行冀紓急難而大指尤在考西人
富强之本源繹西人立法之深意伏望
聖明深察遠覽早賜施行使各國見中華有發憤為雄之志則鄙
我侮我之念漸消使天下士民知
朝廷有改絃更張之心則頑固者化其謬望治者效其忠而犯
上作亂之邪說可以不作天下幸甚所有第三次籌議各條
臣等謹合詞恭摺具
奏伏祈
皇太后
皇上聖鑒謹

奏

江督劉鄂督張附片

再臣等此次所奏變通政治諸條或養人才或厚民生或整軍實或肅官方所需經費必皆不少此次賠款極鉅籌措艱難論者必以度支困絀為詞謂諸事方求節省豈宜更增用費遂不免頓惜遲疑臣等之愚竊以為不可今若竭海內之力百計搜括但供每年賠款以冀無事則外國必將視我中國皆苟安無志之人士無奮心民無固志各國之輕我侮我更將得步進步不待賠款還清而中國已不能立國矣竊謂節用之與自強兩義自當並行不宜偏廢此時應省之事必須省應辦之事必須辦應用之財必須用嘗聞數十年來論理財者大率皆以省嗇為先謂以備有事時用之此省事息

民之常經閉關自守之善策而非所論於强鄰環伺之時勢
也大率富强之道無論民事兵事皆須平日未雨綢繆多年
積累近者四五年遠者一二十年即如講求農士商本為富
國起見然當其創新法開新埠之初必先官設學堂以為教
官創機廠以為式官助資本以為扶持然後農工商之利可
開本欲阜財先必費財西洋各國皆然而日本為尤著若立
學教士練兵製械訓農勸工等事皆以欵絀不辦一旦有急
安得人才兵械而用之縱使存欵饒多取辦倉卒止能募烏
合之勇購窳雜之槍虛縻而兼誤事即為度支計亦甚可惜
矣譬如備荒必須積穀於累年防水必須築隄於平日如待
災成而後買穀則飢民已轉於溝壑待水至而後修隄則田
廬已淪於巨浸雖有多金重賞亦無所施至於軍國大計尤

貴遠謀難規近利豫籌於平日則一錢得萬錢之益趕辦於臨時則萬金無一金之效試以遠事證之道光辛丑廣東議和藩運兩庫現銀六百萬搬運塞途盡付賠欵以近事證之上年天津不守司道局各庫存銀六百餘萬招商局存米四十萬石盡資外人然則務省嗇而不務修備前車具在可為寒心或又謂此時民力已困欲籌辦事之欵豈不重為民累此又不然譬如備荒必於本鄉捐社穀防水必於近村捐隄費社倉多一石則全活不止一命隄土高一尺則護田不止一頃雖甚竭蹶猶必為之其初雖難其後必感推類言之寒士力學不可惜膏火中人之產不可無牆垣行江海者不可乘敝舟負債多者不可廢酬酢夫豈不知籌措之艱難哉誠有所不得已也竊謂既須籌賠償之欵尤宜籌辦事自強之

款賠償之款所以紓目前之禍難自强之款所以救他日之
淪胥應請
敕下政務處大臣戶部及各省督撫於賠款外務必專籌巨款以
備舉行諸要政庶幾各國刮目相待而中國之生機不至於
遽絶矣臣等謹合詞附片具奏伏祈
聖鑒謹
奏

粵督陶覆奏條陳變法摺

奏為變通政治宜務本原遵

旨籌議仰祈

聖鑒事欽奉光緒二十六年十二月初十日

上諭着軍機大臣大學士六部九卿出使各國大臣各省督府就現在情形叅酌中西政要各抒所見詳悉條議以聞等因欽此仰見我

皇上懲前毖後力圖自强之意跪誦之下愧奮涕零伏念臣智識庸愚忝膺疆寄職分所在負咎已多更何足妄叅大計前以興學校為養人才之先務汰內監乃正君德之大端經臣兩次專摺具陳惟是不廢科舉不能廣開學堂不改制度不能盡裁內監明知敷陳梗概不足規畫全模然而去故取新造

端宏大疇躇審顧實亦未易輕言近奉電
諭著各疆臣迅速議奏益見我
皇上宵旰焦勞求言諄切豈敢默緘以蹈遲疑觀望之愆恭譯
諭旨意在戒天下以自私自利而歸要於强國利民竊維强國利
民之政不止一端自私自利之弊已非一日當興當革悉數
難終惟能握乎本原則末流因之俱治本原何在竊謂在於
朝廷也必
朝廷實能愛國愛民乃能以愛國愛民責百官必
朝廷先無自私自利乃能以不自私不自利望天下在
皇上本有愛國愛民之意然而德不下究者法未立故也
皇上初無自私自利之心然而跡有近似者政未善故也然則轉
移之道固有在矣謹為我

皇太后

皇上條晰陳之

一曰除壅蔽合上下而為一國情本通也中有壅蔽之者而清暌矣善通民情者在立法以去其壅蔽而已堂廉過遠隔閡太多上下所以日疏也大臣之情不能盡通於

皇上何況小臣僚屬之情不能盡通於長官何況百姓擬請定平易之法一切禮制務從簡便

皇上日親大臣而漸及小臣且由小臣而漸親百姓則閭閻疾苦無不上達此所謂除壅蔽者一也

國朝設官多沿明制積漸既久寖失本意於是防弊之官多於治事之官察吏之官多於親民之官一官兼數職者有之一職設數官者有之升遷既無一定兵刑錢穀罕能兼

長廢弛阻滯弊端百出擬請定分職任事之法京外閒署悉行裁省學商農礦等部皆專門要政即一時未能增設亦應責成六部分司其事各衙門曹司升轉不出本部其外省及各州縣亦當變通舊制斟酌損益務使內外大小各官皆專官久任文牘不煩事無牽制則人人知責任所在一無旁貸不能不講求練習而顢頇畫諾扞格不行之弊悉除此所謂除壅蔽者亦一也有阻官與民而使不通者胥吏是也胥吏之害人人知之究其根株實在六部成案山積輕重准駁曾無定比吏得上下其手以為奸而外省書吏亦得依附朋比以便牟利之計今若變通官制堂司各官皆用其所習已不致為所蒙蔽更請飭令部臣編定則例凡煩苛細碎之法悉行刪汰務使簡要易行一切

舊案不准援引任是官者既人人知職分所當為即非任是官者亦了然於重輕准駁之自有一定則書吏無從舞文弄法但供抄寫之役足矣則例既定部吏無權而外省大小衙署之書吏亦因之而無權吏治常肅民生愈安此所謂除壅蔽者又一也至於議院之制中國誠未易舉行然議院議政而行之權仍在政府交相為用兩不相侵而政府得由議員以周知民間之好惡最為除壅蔽良法或中國民智未開驟難創立竊考泰西選舉議員本有限制民智未開限可從嚴民智漸開限亦漸寬自無衆論紛淆之弊　諭旨所謂取外官之長補中國之短者議院亦其一端也此數者立法除弊上下之間壅蔽悉去四萬萬人情聯力合富强諸政可次第行矣

二曰去畛域界限之與畛域似同而實異界限不可無無
則相混畛域不可有有則相妨同為中國之民軒輕相形
則必爭同任中國之事彼此不顧則致敗中國積習幾於
無事無畛域言其大者部臣疆臣為
皇上辦事通力合作始能有成乃臣觀近數十年來部臣疆臣以
私事相干者固不得知而於公事轉以不通音問為高疆
臣之賢者苦心擘畫極意經營既無人為之維持調護其
不賢者營私又或固執己見不能通達世情政府諸臣雖
明知之而不一言絕無古名臣交相儆戒之風且事之當
否先時既未預商則其後之推諉擱置在所必至擬請
皇上嚴申誥誡令內外諸臣有善相勸有過相戒成敗是非毋得
膜視一切政事互商妥籌斟酌情理務使可行部臣與疆

臣不分畛域而後此省與他省乃不分畛域然後全局公
利
國家此內外之畛域宜去也滿漢分職之制八旗駐防之兵在
聖清定鼎之初為此權宜鈐制之法良非得已今已二百餘年漢人
世受
國恩與漢人已無二致而猶沿此制不改無論其病國也示天下
以不廣亦甚矣旗兵窳弱情形早在
聖明洞鑒今庫帑支絀如何若再因仍舊制虛耗巨款實屬難乎
為繼既為世僕亦當體念時艱自圖生計擬請將京營八
旗暨各省駐防挑選精壯使習東西洋兵法者統帶教習
之俾成勁旅內則輦衛
京師外則分防邊要均不使久駐一處別選其年少勤敏者使

入各種學堂分習士農工商各業以為謀生之路其餘酌
量分年裁汰使得從容他謀不致以驟裁失業有負
朝廷軫恤之意至於滿漢各缺形迹未化亦恐害事應請
飭下王公大臣籌議酌量變通非微臣所敢擅擬要使天下知
朝廷之大公無我則感戴悅服者益深八旗子弟既不坐食自
無廢材而
國家歲省餉項且數百萬為益尤大此滿漢之畛域宜去也中國
之俗貴士而賤農工商夫農工商之與士執業不同所以
利國家者則一臣以為士無定名農能善種植工能精製
造者商能廣貿易者皆可名為士其專為士者於三者當
通知大意而又講求政治之學名物之理以導助農工商
而使之益善是以四民當并重而不當偏重擬請明降

諭旨以此意風示天下令廣設社會以精其[illegible]民爵使與官齒即農工商亟相奮勵而為士者亦不敢以空疏無具虛冒儒名此貴賤之畛域宜去也古之時兵農合一文武不分今既迥判兩途於是口不言兵者懦弱日甚目不知書者粗鄙亦日甚且合辦一事各存意見窒碍尤多外國之制文武雖各有學堂而武員必先學文法文士亦皆講求武備擬請參仿其法更定制度務令文武兩途互相為用文能畧知武事臨事無畏葸張皇而武員能識書史通曉道理自無鹵莽滅裂之患此文武之畛域宜去也此數者之畛域去則事事之畛域無不因之而俱化天下如一家中國如一人治平之效可操券致也

三曰務遠大孔子曰人無遠慮必有近憂又曰見小利則大

事不成臣嘗反覆斯言竊以為為政之要盡於此矣今如捐輸開例已數十年官場嗜利之風成為習尚各棄本業以為官吏各棄本業以為官之親友僕役務本者日少逐末者日多其害蓋至今而大著且歲入不過一二百萬計其侵漁剝削何止此數得不償失未有甚於此者官俸之薄萬萬不給而又扣其廉俸賢者已難自愛不肖者日肆其貪害仍自

國家受之他若鐵路船礦諸務皆富國要政然而創行之始虧折必多西人恒多方保護甚至國家擔補其息今中國於此等商務未聞有保護補息之法乃招商獲利則責以報効漠礦暢旺則提其餘利在計臣籌款不得已而為此然而阻礙商務其損多矣擬請永停捐納即銜封貢監亦皆停

止創設民器以為鼓勵農工商之具其厚加官祿務令足用
其一切興利之事廣勸商人集股開辦官不干預其事但
任保護之責即有厚利無庸報効凡從前為小失大之弊
一概捐除但使官吏清廉即是藏富於民之道而工商踴
躍百利皆興物產日多則
國家之課稅自旺此行政之當務遠大也取民之財治民之事此
古今中外立國之通義用民財以為之興利除害雖多取
不為虐況於少取不為之興利除害而但取其財縱少取
不為恩況於多取今中國之民窮困甚矣而國用日繁
皇上縱以愛民為心計臣不能不以籌款為亟雖
國家款項無一非用之民事然積弊未去善政未行實惠之及民
者鮮而進出款目平時既未宣布民但見其取財而不知

其所用不免因疑而生怨日以籌款之事責之窮困疑怨
之民臣竊危之今既欲變更法制則興利除害之政自必
實力舉行更請
皇上誥誡羣臣俾人人知取民財治民事之義仿照各國將每年
進出欵項列為詳表頒示天下其外省所解内務府經費
應改歸户部統收而歲撥欵若干萬為
皇宫費用一律列入表内宣示使咸知
朝廷之無私臣聞法之敗於德也賠兵費至二百兆磅未五年
而債畢惟其民素豐上下相信是以爭貸於國我中國誠
能力求自强十年之後民力漸裕民信益孚則商借民債
自易為力至於裁去釐金變通課税諸事皆目前要務然
必取民之大義既明始可議取民之制之善不善此理財

之宜務遠大也武備不修無以立國外國之經營水陸軍
為時或百年數十年用款皆以億萬萬計甫能有此規模
中國習於故常不知遠略即如北洋海軍經費僅千數百
萬而舉國震駭咎其糜帑不知外國極大鐵艦一艘有值
價百萬磅者區區之數曾何足云今中國既貧且弱而欲
大舉練兵與之角勝不特無此人材亦萬萬無此物力竊
謂舉行新政兵事祇可緩言惟水陸將材亟應儲備擬請
王公大臣子弟及民間聰壯少年分年赴各國學堂學習
兵法停止武科令各省廣設水師武備學堂使人肄業至
地方除盜詰姦之事應由專司查東西各國之制緝捕偵
察巡警任之戰守防禦兵將任之截然不紊各善其事考
警察即保甲團練之意但其章程細密法立令行視保甲

團練遠勝擬請詳譯其法於都會城鎮仿照設立俟有端緒不特綠營固可全裁即營勇亦當大減各省衹須酌留數營以資震攝宿將習氣甚重狃故忌新可用者少宜悉罷歸厚予俸賜酬其前勞其各營將弁悉用學已卒業之武備學生及曾在外國學習者使此後學堂生徒皆知學成之有用十年之後物力漸充將材亦次第成就然後整軍講武事可不勞而集若不懲前事竭蹶經營徒糜有用之財適貽外人之笑甚無謂也此治兵之宜務遠大也凡若此者務持大計不貪近功究其所成必有出尋常萬萬者如其沾沾目前欲圖小效愈求富强愈成貧弱一利未見百害俱生矣

以上三大端弊因於自私自利害至於病國病民溺其弊之

所自或在近今或在往昔甚有在千百年前者當中國全盛
之時元氣尚足外患不侵病伏於隱微而不覺今者環球各
國角智競能彼有而我無人同而吾異因循苟且將無以自
立於五洲然而積習既深來源甚遠一旦改革夫豈易言非
朝廷以身作則克己勝私則雖日言變通無由獲變通之效伏
願我
皇太后
皇上念
祖宗創業之艱難憫億兆民之昏墊以日本為前事之師以印度波蘭
越南緬甸作覆車之鑒速定
國是以奠危基天下幸甚萬世幸甚臣受恩深重衰疾侵尋顧於末
盡之年得覩太平之日敢附責難於君之義冀效愚者千慮

之怳敬獻芻蕘以備
採擇至於條款節目頭緒繁多非兼通中西源流畢貫者不能
條分縷析微臣愚陋不敢輕議所有遵
旨籌議變通政治緣由是否有當伏乞
皇太后
皇上聖鑒訓示謹
奏

粤督陶覆奏變通武科摺

奏為變通武科敬抒管見恭摺仰祈

聖鑒事竊臣查准兵部咨會議榮祿高燮曾等請設武備特科並黄槐森改試洋槍各節備錄兩次議覆奏稿行令各省熟察情形各抒所見陸續奏咨等因前來竊維武科改制係造就人材起見創法之始必須預防流弊審慎出之部咨所請彙集衆長權衡一是洵切當之道也原奏至為周詳惟取中武生始挑入學堂及武童仍由學政考始不先以水陸分科又准令武童在家自行操演等情再三詳酌似宜量為變通臣查西人選兵之制既建武備學堂以儲心腹干城之用必先由文法學堂學習書數考有文憑方能與於此選故西國之兵無一人不知書其將領尤才識過人熟嫻韜畧我之大弊

在文武分途無論科甲行伍大都目不識丁專恃幕友弊端百出今議改制而童試之初不問讀書識字與否祇重槍炮則游勇賊徒皆得徼倖于一試其弊當更有甚于未改制之先者也進身之始既未能正本清源俟取中武生後方令入學堂肄習格致地輿兵法諸學是猶未經學步而欲其學馳也臣以為宜仿西人文法學堂之意民間子弟願應武試者報由州縣官查明身家清白質性馴良者先行局試必須文理粗通方許送入學堂作為學生則初基端正庶免莠民混入此原奏之宜變通者一也時局日艱日後文試亦將更張勢必更難於舊制如武試仍由學臣考試恐材力不能兼顧既設學堂所有總分教習等員學專較專久於其任品評優劣不敢大違公論日課月試每季每歲累次合考以憑列上

等者為備戰之備[illegible]
事判然不同西人皆分門專習今我議改法但統言之曰武
生不分別水陸兩途是祇以鎗砲弋取衣頂上與下皆不知
儲為何軍之材所取不能適用臣竊以為水軍陸軍當於童
時分途肆習沿江海諸省皆設水師學堂其水軍學生由華
洋教習督練天文海道御風布陣魚雷汽機諸法閱若干年
奏派提鎮之員會同洋教習駕駛練船游歷外洋親視各生
所學專門之技是否純熟詳記分數復由本省督撫試以水
軍兵法各論亦詳記分數總校兩項分數並優者作為水軍
秀才咨送辦理海軍大臣或南北洋大臣再加考試擇其優
者為水軍舉人其陸軍學生入武備學堂由教習督練馬步
鎗砲整散起伏測算遠擊溝壘工程繪圖治械各事閱若干

年奏派司道會同教習分場校試技藝詳記分數復由會撫試以陸軍兵法各論亦詳記分數總核內外場分數並優者作為陸軍秀才咨送兵部或南北洋大臣再加考試擇其優者為陸軍舉人仍欽派王大臣覆核水軍陸軍各舉人擇最優者作為進士習之專擇之精待之榮庶可得濟時之彥此原奏之宜變通者二也西人弁兵之所以精強不僅在槍炮而在明於兵法輿地各國水陸軍制及創械用械之理非久居學堂講習必不能表裏貫通原奏章程准武生在家自行操習未經挑入學堂之武生亦准令回籍自行學演黃槐森又奏稱由士子購買洋槍如此是任令獷悍之徒專務從事既無中西名師之指授又無各國新書奇器之觀摩所能勉強習用者惟槍彈一事從此假公濟私漫無限制難於槍杆

刻姓名比鄰具結州縣存案徒增騷擾而已況在上者惟求應試人多在下者人人托名習武隱濟其奸號稱改變武科於西國善法未得皮毛轉致家家購置火器先召變法之禍臣愚以為生童在家操演及自買槍炮二事斷不可行習武者必令入學堂所用槍砲必由教習委員經管非在學堂時不得私蓄此原奏之宜變通者三也抑臣更有說者凡議變法不脫去舊日科臼便多窒礙今仍拘執舊章欲處處有武童武生應試以飾觀瞻不得不令自買槍砲在家操演委曲遷就誠屬無可如何之事然際此時艱更張一政祇期足用不必貪多期於得真材不必假名器以為悅人之具竊意內而畿輔外而沿邊險要及瀕臨江海各省建造武備水師學堂秀才舉人選于斯參遊都守取于斯果有十餘省得力之

學堂儘足備二十餘省之用創辦伊始不妨暫停一二科從
容學習將來中選即令得官免因曾蹬改節若泥定各節舊
有中額絀于財力不能盡設學堂則有自行操演之弊縱能
盡設學堂而倉卒舉行難得良師教習終歸有名無實此核
實酌辦無庸襲前例以徇俗情者也至舊日武生武舉應准
投營効力量材錄用無論新章能否通行舊例武科應一律
停止以歸畫一臣愚昧之言是否有當合無仰懇
天恩敕部核議施行所有變通武科敬陳管見緣由謹會同甘肅
學政臣夏啟瑜恭摺具陳伏乞
皇上聖鑒謹
奏

粵督陶覆奏培養人材摺

奏為培養人材勉圖補救敬陳管見恭摺仰祈
聖鑒事竊維海防事起議和議戰衆論紛然臣愚以為國之強弱視人才為轉移人才不足不但和與戰均無可恃即幸而戰勝亦無益於根本自古用人文武並重文有科目武有營伍立法之初未嘗不善積久弊生仕途日益雜民生日益困人才日益不可恃臣竊傷之夫所用非所養所養非所用古今同概人才不養於平日而欲招致於臨時雖伊呂復生無能為力今日者創鉅矣痛深矣善於謀國者不以勝而志滿不以敗而氣沮艱難困苦之時正
聖主激勵奮興之日易曰窮則變變則通天下事所當變通者不止一端而人才其尤亟非懲前毖後破除一切拘牽之習無

以作天下之士氣而收實效於將來臣不揣愚昧敬就管見
所及畧舉其概為我
皇上陳之
一國子監宜先整飭也京師為首善之地太學為育才之所
教法未修何由得士臣以為宜敕督撫學政選擇舉人貢
生之敦行力學者及大臣子弟蒙
恩廕者入監肄業畧倣周官師氏保氏之法宋儒程朱學校之制
胡瑗經義治事之規治經務通大義治事必達時務祭酒
司業當擇學行兼優衆所推服者久於其任教以致君澤
民之道修己治人之方擇學業有成者上其名於
朝凡部院需人督撫請揀皆於是選取之成效既著復取堪為
人師者令分教於天下庶學宮不為虛設士子皆有實行

治化之基實在於此至納粟入監係明景泰間秕政沿至
今日流弊實多所有捐納貢監生舊例擬請一律停止
一汰考生減中額以慎科名也學術不明士鮮實行徇俗濫
取安望得人邇來應考人多作弊愈巧條例雖密仍屬具
文天下事惟簡可以御繁學臣歲科試輪流較藝抉擇易
精乃鄉試之前又錄遺才復將歲科試不取者概行送考
試卷過多考官校閱難遍或潛使子弟幕友隨入襄理餘
如彌封謄錄弊端又多擬請敕禮部定議各省學政於歲
科兩試悉心衡校考列三等及新生未經歲試者均勿錄
送鄉試如此則考官得從容評閱文理平常之士不至徒
勞跋涉吏役可減經費可省宿弊可除真材可得一舉而
數善備焉從來為治之道貴乎覈實臣竊思所貴乎讀書

者欲人人為忠臣孝子也若徒尚虛文雖人盡登科有何裨益今日士習益陋宜援照乾隆年間裁減中額舊案將鄉會試中額各減數成俾知科名非可倖邀學問必益加奮至考試之法亦宜變通時文必不能廢而浮華之詩賦宜裁策問貴乎通今而禁言時事之條例宜改庶幾明體達用人才自烝烝日上矣

一定小試年限以端蒙養也夫進德修業本與詞章科第無涉宋儒程顥謂子弟輕俊只教以經學念書勿令作文程頤以少年登科為不幸朱子謂俗儒記誦詞章之習其功倍於小學而無用蓋童子血氣未定養其良知良能導以孝弟忠信尚慮不及若令作文干祿縱獲科名情未見道處則無益鄉里仕則貽誤民生擬請敕部明定限制凡年

一停捐例以清仕途也天下大弊在官多官有限而候補之
官無限於是有筮仕一二十年而不得一事者及其有事
則久困之餘難言志節文官則剝民蝕帑武官則侵餉缺
額幾乎相習成風矣且入官既易則謀為官者日多士不
安於學校農不安於畎畝工商不安於廛肆或謀捐納或
求保舉或倖獲科名紛紛擾擾皆有不可終日之勢其託
足宦途者莫不仰給於有事之官官之應酬愈繁其操守
愈難信民俗之敝士習之偷官箴之敗軍實之隳皆由於
此科目勞績捐納三途弊實相等而捐班其較著也人以
為報捐者皆殷實而不知貧人反居大半在四民中一無
所能謀生無計稱貸入官本已行同商賈乃竟有為商賈

所不忍為者雖捐班不盡無才然源既未澄流何由清安得以一二人有才概諸人人耶督撫雖有甄別之權猶之縱狼入羊羣責牧人以調馴狼性勢必不能既懸其格以招之安得盡人而劾之此弊不除小民因此藐視官長强鄰因此非笑中華一旦發禍再擲千萬金亦難平定飲酖止渴利害昭然明知理財為第一難事遽議停捐鮮不謂妄然近年捐例所入歲不過一百數十萬兩此後恐日見其少留此區區無裨於貧徒貽後患非計得也擬請

皇上斷自宸衷將捐例概敎停止一面將內外冗員及宦官等大加裁汰凡用度之無關

國計民生及內務府織造衙門各項費用可裁則裁可減則減所省當不止一百數十萬而官常以飭民志以定鄰國亦

當欽服不戰制勝之策莫先於此至勞績保舉之濫弊尤百出新定部章較嚴臣不再贅陳

一各部院堂司官宜練習政事也自部務權歸書吏司官絕少真才臣所聞惟刑部司官尚有明白例案者此外但能潤色文稿便稱有才堂官隨時更調成案山積雖有過人之資勢難徧覽書吏名為年滿更易實則無異世業故部務莫昧於官莫熟於吏舞文弄法賄賂公行一事也欲准欲駁皆有案可引堂司官即再三斟酌仍不免墮其彀中夫棄為后稷契為司徒終身不遷用能庶績咸熙後世人才遜古政事愈繁責任不專成效奚彰臣愚以為尚書侍郎升遷宜不出本部一部堂官六員本近於冗苟有懸缺不妨兼攝司員應令嫻習例案分類經管各員有履歷可

稽非若奸胥之詭託姓名莫可究詰各部本有則例足資
援引一切舊案概可弗用儻遇疑難堂官不能決者奏明
請
旨不必定憑故紙仍入胥吏把握臣見户部陝西司每奏一案必
以活字板印行積久成帙名曰陝曹奏牘始自光緒九年
各部倘皆倣行則准駁之故人人可以檢查不但舞弊者
有所顧忌堂司官練達事理所益尤多
一旗兵宜破除積習以固根本也各省駐防旗兵向稱忠勇
承平日久習於驕惰無異閒民值海氛不靖
朝廷選擇將才廣招新勇內地旗兵罕聞徵調廢弛情形已在
聖明洞鑒夫運用鎗砲各法必學習二三年方能心手相應以精
械付粗人旬日間便成廢物新勇皆市井無賴而宿將願

招募者為其能耐若耳驅不教之卒禦精嫻技藝之敵徒恃耐若二字作萬一或勝之想臣實不知其可而慨然於旗兵之急宜精練也練技藝練攻守須自練筋骨始旗兵不執他役原屬格外優待然同治以來湘楚諸軍土木各工皆責成勇丁無礙戰事蓋精力愈勞愈出築壘挖濠係行軍本分請敕各將軍都統除實力訓練外遇有臺壘城濠渠隄等事應一體幫作又各省防軍練勇分紮要隘均有護送餉差緝捕盜賊之責較旗兵苦樂懸殊兵法首重地理斷無株守城垣可稱有用之師者宜將各省駐防旗兵酌抽數成出屯要道歸督撫兼轄繩以漢人軍法於護餉緝捕等事分任辦理以資練習旗兵無忽招忽散入會傳教諸弊果能悉成勁旅則綠營可減餉項亦可稍節值

此時勢亂日棘愈蹉跎愈難致力滿蒙官員為
國家世僕為漢人表率使人人知宴安酖毒之非克自振作一
二十年後滿蒙人才不亞於乾隆以前天下幸甚
一文武大員宜勤以率屬也屬員之賢否視上官之好尚為
轉移彼溺於聲色貨利者無論矣即或怡情金石寄興詩
詞多一嗜好必多一懈弛而屬員之勤政者怠矣又如將
軍提鎮舍馬坐轎水師將領離船住屋身躭安逸何以督
率弁兵並有武員學為詩畫自鳴高雅其於戎務廢弛必
多應請
旨通行禁止仍令於應事之餘縱觀經史激發忠誠涉獵近今地
理政書講究新譯水陸兵法期於實用有裨夫人才不擇
地而生各省大員果能破除情面屏斥浮文於吏治營務

切實講求需以歲月當有可觀此亦造就人才之一端也
一禁食洋煙宜自士大夫始也天下人才半壞於煙士為四民之首不先立戒何以責民官為民之表率倘有嗜好何以服衆請
敕各督撫學政徧諭教官廪生嗣後童生吸烟者不准保送府縣試諸生吸烟者不准鄉試並不准補廪報優舉人吸烟者不准會試如有蒙混從嚴懲辦並請
飭在京各部院堂官在外將軍督撫查察有癮官弁悉令回籍戒烟查各國洋人均不吸烟中華士大夫高談學問侈言攘夷於戒烟小事尚不及島族恥孰甚
一分設算學藝學科目以裨時務也周官有九數之教曲禮判六工之名力必專精詣乃深造近年定算學取士之例

先由總理衙門考試算學後送入順天鄉闈同試詩文華
實兼收非唐代明算科所得比然習算之士罕求應試其
故有二緣九章難於八股算學中足資問難而非切用者
反覆窮究皓首難盡究之制器者祇須略知幾何重學而
算家一切考據辯難可弗徧習今定例以算學及格物測
量機器製造水陸軍法船礮水雷公法條約各國吏事一
律考試安有如此奇才一人而兼衆長乎徒令知難者逡
巡不前輕於嘗試者仍蹈空言無補之病未盡善者一也
合衆人而衡文或百無一取或千取四五今考算學者鄉
試卷面另編字號每二十人取中一名定額不得過三名
倘諸生文理均優反因考算而限於定額未盡善者二也
擬請分算學藝學為二門試算學者兼天文及地理測繪

試藝學者以鑛學及製造船砲之學為主總理衙門於稅闈之前嚴密三試之擇優錄送順天鄉試分編算學藝學字號增加中額以廣招徠臣更有請者算藝與時文試帖兼習之必未兼精定章今習算者並考詩文不過借此以塞文士之口徒徇俗情乃歸敷衍近時保舉捐納庸人皆可得官何獨於稍有實用者必多方以靳之可否專設算藝一科

欽派大臣特試仿照繙譯舉人進士之例不必兼詩文庶專門名家各得自見

一水軍陸軍急需文武兼通之才宜破格鼓勵也天津閩粵設立水陸師學堂本係因時制宜而臣工猶或泥海國防志舊說謂守外洋不如守海口守海口不如守內河以學

習船礮為多事如果船礮不必習敵人果何恃而横行海
上乎夫沿海萬里防不勝防必有海軍數大枝海口方能
聯絡各岸防軍亦可酌減惟駕駛兵輪法至精密海道沙
綫固應熟悉尤須知算學力學乃可司機能測七政恆星
乃可司舵非獨武夫不足任即才智之士亦罕臻此謹擬
請
敕各督撫督令水師學堂學生勤習天文海道御風布陣修造汽
機演放水雷諸法每若干年奏派海軍提鎮率領學生駕
駛練船遊歷外洋途中親試各生所學專門之技是否純
熟分記等第到外洋時由駐洋大臣按名試以水軍兵法
各論果能清通奏明作為水軍秀才送辦理海軍南北大
臣再加考試擇其優者為水軍舉人並請

敕各督撫督令武備學堂學生勤習西國整散陣法測量築壘挖
溝交轟馬步起伏及明暗臺塹測繪地圖管理軍械各事
每若干年奏派司道分內外場校閱技藝條對兵法果能
精熟作為陸軍秀才送南北洋大臣再加考試擇其優者
為陸軍舉人仍
欽派王大臣覆校水軍陸軍各舉人擇最優者作為進士如文理
較長明白治體量授文職與文進士一體優待上下毋欺
真才自出臣又查武備水師學堂章程本尚周密近聞有
將少年不能讀書者濫行送入何能確收實效應由該管
大臣嚴行遴選無論旗漢文武官員及士民子弟須明白
謹慎文理清通方准留學凡文字算學等擇關係武備者
設課其餘概勿教學免致分心沿海沿邊各省擇要增設

水師武備學堂一律辦理以時宣講淺近切要各書啟發忠愛之忱至舊有武科得人本少若輩恃有頂戴往往武斷鄉曲轉難約束倘謂弓矢無益而改習火器則家家可置槍砲流弊尤甚擬應將舊例武科一律停止

一各省操法宜變通也水師武備學堂非三四年所能見效宜令各營先將新式後門槍熗及西人水陸操法擇要學習令各督撫亦知西人治軍之善者以經費不盡合例未能一意講求且大閱時仍須合操舊法武弁既憚其勤勞文員尤多所訾議譬如鄉村富人延師課子其子既畏讀書之難旁觀亦謂不必效寒士攻苦且謂其子聰明足傲文士一旦入文場始悔學之未至今之講求洋務者何以異是疑請

敕明白中外情形大臣參考從前各國兵法[illegible]

章程認真教練近來礮火猛烈城垣難禦外洋各國將舊有城郭撤毀專事溝塹暗壘及升降不定之礮蓋攻法變則守法不能不變也各處緊要地方不可專恃高城大臺亦宜令知兵大臣籌畫設險之法預為演習

一工藝為富强之基宜加意考求也古之教者合道與藝為一唐虞之世殳斨與皋夔同列朝班誠以有裨國家之事雖至微細必授以專官俾求精造惟樞機之運鍊冶之純悉本於算學重學化學汽學歷世傳授方能以器製器斷非一知半解所能窺見興設各省機器軍械船政電報各局委員多未學習間或自[illegible]涉獵究難洞達精微今各國往往遣士子赴他國學習工藝兵法用意深遠可以想見

國家創辦幼童出洋之舉行之已二十餘年而成效尚未大著者一則官場視為鄙事辦理仍等具文一則專門之學本非一蹴可幾況所遣子弟多未讀書文義不明難資重用

擬請

敕總理衙門查覈歷次奏定章程切實推廣選擇滿漢勲舊子弟已讀孝經四書畧知大義者送同文館教以淺近九數視其性之所近咨明駐洋大臣分送各國書院機廠礦局於製器駕船兵法商務礦務農政水法殫精肄習其水陸學堂船政機器各局優等學生亦酌遣出洋再加歷練務期各擅一藝回華後派充諸局所委員庶幾駕輕就熟成效益彰今日致富之要當與地爭利勿與民爭利當栽培工商以敵洋貨而杜漏卮勿摟括稅釐以病民而自病比擴

務商務工藝所當設法研求以冀漸收利權者也至於洋債
兵艦似可暫緩以此財用培植工藝俟學業有成後或購
或造較有把握
一大小臣工宜力戒自欺也世變之奇有先聖所不及料者
而士大夫猶以不談洋務為高夫不談洋務可也不知彼
并不知己不可也今我政事因循上下粉飾吏治營務久
為鄰國所竊笑明明不如人而論事者動發大言自謂出
於義憤不知適以長庸臣之怠傲蔽志士之聰明一二有
識者畏受訾謷或曲為附和或甘於緘默絕無古名臣交
相警戒之風平日視危為安視弱為強文武驕惰莫由覺
悟一日有事不肯平心體察諉託正論務虛名而貴實禍
誠可為痛哭流涕者也事前既莫知不如人事後衆論仍

莫肯直認不如人甘心自畫又安望有自强之一日擬請
敕總理衙門選擇同治以來辦理洋務奏摺文牘繙譯各國政務
諸書呈備
御覽並刊發各衙門各處書院俾天下士大夫洞悉中外情形曉
然於
朝廷為天下萬姓多方斡旋不得已之苦衷庶人人知恥知難
愈恐懼愈發憤人才以策厲而愈出易危為安轉弱為强
機實在此
以上十三條畧知時務者類能言之特未嘗為
皇上切實敷陳耳當此危疑震撼之秋輿論孔多泥古者謹守舊
章憂時者競談新法然積習實不能不改而變法亦未敢輕
言臣祇就事所可行者為救弊補偏之計非敢[illegible]

支持可與共安樂而不可與共濟艱難持久者則[illegible]
雖高可以制土寇而不可以備強敵環海各國以中華為魚
肉皆由我之痼疾久中於腹心而肢體之痿痺隨之彼日本
於三十年前為英美所敗納幣行成因懼而奮遂成強國我
誠能發憤自強合羣策羣力急起直追何事不可勉為若仍
縛於成例清於浮議不以全力赴之雖勉行十之八九亦無
濟於事伏祈
皇上俯納芻蕘迅飭內外各大臣悉心覈議實力施行以振人心
而扶危局臣伏願
皇上鑒天災之屢警念民困之莫蘇懔內政之宜修知外患之難
弭勵精圖治日新又新默究理亂之根原曠覽宇宙之大勢
敕軍機處總理衙門王大臣等各矢公忠綢繆未雨集思廣益共

濟艱難各部院堂司官精白一心綜覈名實使吏胥毋上下
其手以壞法度將軍督撫提鎮各率其屬懍然於
朝政之嚴明寡欲清心杜絶請託用人理財一秉至公自
朝廷以至百執事毋始勤而終惰毋狃目前而忘遠慮上有卧
薪嘗膽之大臣下有斷虀畫粥之志士賢才爭奮庶政修明
四境綏安遠人賓服實天下臣民所旦夕仰望者也微臣遠
處西陲於海防近事未得其詳念時局之日艱愧獻言之已
晚冒昧上陳敬效愚者千慮之一伏乞
皇上聖鑒訓示謹
奏

閩督許覆奏條陳變法摺

奏為遵

旨依限覆陳恭摺仰祈

聖鑒事竊臣於二月初八日准行在吏部來咨內開光緒二十六年十二月初十日內閣奉

上諭世有萬古不易之常經無一成不變之治法云云將此通諭知之欽此仰見

朝廷勵精圖治集思廣益之至意臣欽佩莫名伏念因時者當制其宜救弊者貴先所急方今大患在貧在弱非開拓利源無以濟度支之匱非修明武備無以籌疆圉之安是理財治兵尤為急務臣謹就二者悉心參酌建議八條另繕清單恭

呈

御覽其餘泰西政要足補中國所未逮者厥目甚繁特慮轉移太驟或未洽羣情奉行不善或反滋流弊須俟隨時損益擇可以布之循序以推之一時未敢遽議臣嘗採西人論說謂欲求西法之利當先去中法之弊洵屬知言夫中國弊不一端而兩言可蔽曰隔閡而不通也曰渙散而不合也今欲力除障翳亟拔癥瘕則必權上下之情而使通然後可言富必聯遠近之勢而使合然後可言強至一切員費冗濫文法煩苛積習相沿並當裁汰俾歸簡易抑臣更有請者古今制治存乎政而行政存乎人昔張居正變法於明則幾致富強王安石變法於宋則徒滋紛擾一得一失皆人為之宜引為鑑也

伏望我

皇上搜羅務博甄別從嚴察心術之既判正邪較財力之互相優

紬庶幾加以明試則空談者無由倖進期以器使則效用者不至違材將羣力克宣百端就理中興之治可跂足而待矣臣管見所及是否有當謹繕摺具陳伏乞

皇太后

皇上聖鑒謹奏

一曰興礦務以收地利銅山四百六十七鐵山三千六百九中華礦產春秋時已筆諸書今更閱數千百年宣發愈遲蘊藏愈厚宜環球無比也乃歷來試辦成效渺然則由於風氣初開而經理未盡合宜資本不繼而作輟終難持久是當合洋股以輔之矣蓋洋人於開礦一節體驗最真凡所以延聘礦師推測礦綫斷不肯貿然從事而又魄力雄厚則指揮自能如意出入分明則侵蝕無所容奸似較專

倚華商尤屬事半功倍查前奏定開礦章程內已列准集洋股一條然究因顧忌者多遂致提倡者少宜

諭飭各督撫廣行出示剴切申明庶幾經始有資觀成可冀第公司准糾洋商之股而首事須出華商之名俾一切轇轕與官無涉且訂明所出礦產先儘中國購買再運外國行銷斯層層鈐束自有利無害比來羣雄環伺其欲耽耽非藉彼此相制之形無以善委曲求全之策惟舉礦利公諸各國則與股者固誼同休戚而不與股者亦心泯覬覦洵牽掣一良法也

一曰保商富以阜民財外國之商與聞大計而度支常藉衆擎中國之商甘處末流而居積秪圖私利無他保不保之判也夫華商之懷忠效急公義何嘗或後洋商特司官抑

勒則多存遁地之思富豪於後則愈蓄居奇之心惟逆杜之
而諱言富自宜諭各省督撫力加調護查商本較鉅者列
其數以聞厘為等差示以優異一千萬以上為一等與三
四品京堂同五百萬以上為二等與翰詹科道同一百萬
以上為三等與各部司員同五十萬以上為四等與小京
官同蓋儀制隆然後弱肉不致食於強體恤至然後下情
始獲通於上則商務可期丕變矣迨夫
國家有事或由
朝廷賜對或地方官傳
旨獎賚既除惆怳自獻由是而助非時之輿作挽外溢之利權其
裨益實非鮮淺也
一曰鑄銅洋以救圜法比年各直省多患錢荒泉貨既乏流

通市廛頓形閉塞推原其故固由銅斤短絀而舊錢多付私銷時價參差而新錢動攙私鑄遂覺積重難返矣欲紓其弊宜置機器多鑄當五當十之銅洋蓋其製用紫銅印成重一錢可當五文重二錢可當十文私銷必形虧折而輪廓分明花紋工緻又非私錢所能混淆則二者不禁自絕矣今閩粵皆開機試製所出無多然一入闤闠爭先取用可知其效若能大加充拓各省皆踵而行之圜政既肅商務斯振又沿江沿海洋元充斥為中國一大漏卮尤須及時仿造以資抵制特不通商口岸平時罕見洋元則價之低昂既隨市儈把持質之真贋復難強小民辨別不若專行銅洋為便若夫用銀錢可濟度支之急鑄金錢可防折磅之虧並當由

鈔行次第興辦特非歸洋人經理將百弊叢生尤
不可不善爲區畫也
一曰頒印花以廣稅源攷印花稅之行創于羅馬其後各國
爭相效法如英俄德法皆以此爲歲入大宗據近人所譯
印花稅章程知厥制有二一實黏於上者一活粘于紙上
者就中國而論則宜專用粘貼之活印花其法令民間各
項買賣憑單及合同契據等類皆須量其錢數隨欵項之
多少粘以印花英自四十先零起粘以一本士之印花法
自十佛郎起粘以十生丁之印花由此遞推欵愈鉅則值
愈重倘各項單契未將印花粘貼則售主可重索價而買
主不得訟諸官至其餘票據合同苟無印花都同廢紙說
者謂所取至約所入至豐行之有十便焉蓋印花常寄售

於城鎮鋪戶中或電報郵政等局需用者隨家可買無留難需索之費其便一印花具刻錢數一目瞭然絕無朦混之弊其便二此項印花統由戶部頒發各省或設分局或由稅厘鹽場等局兼司其事則應收稅額戶部即按頒出之數核取毫無侵蝕之患其便三各省分局按時稽查各鋪家帳簿之外別無檢核騷擾之端其便四章程既定以後聽人自行買貼無督責催促之事其便五用印花者常預購以備用其稅課皆先入官無徵求勒索之病其便六一切契據未貼印花者遇有涉訟官不為理誰肯惜小費以貽後患其便七貨財交易之事必有與聞居間之人若僞造印花及所貼印花不足稅額者一經告發則有受者同罰之例告者給賞之條又誰肯惜微費以取重罰其便

賣既成之後人尤樂從其使九華商與洋人交易者亦貼
印花是華商自行完課而洋人已暗納稅其便十以上十
便皆就成效言之然中西情形究屬不同即利害亦虞互
見須經工於心計者詳加釐定密以慎思之力而徵諸時
措之宜則推行盡善矣

一曰設耑署以重籌防太平之時餉隸司農從容分理可也
若夫世方多故事變紛乘使理餉者不察兵之利鈍何以
嚴杜虛糜掌兵者不知餉之盈虛何以預防饑潰則合之
為宜應請於戶兵兩部外別建一署名曰總理邊防特簡
大臣中之夙抱公忠博通時務者一二員畀以耑任除正
餉仍歸戶部其餘一切財政悉以隸之除額兵仍歸兵部

其餘一切戎政悉以隷之俾得曲體時艱通籌全局較臻周密至於僚屬併宜慎選分治其事列為四曹曰制用司典出入勾稽曰詰戎司典戰守征調曰開源司典礦路商務曰修備司典器械工程內而部院司員外而道府州縣均准其擇能保存三年課最則舉財籍戎籍總而校之果能使餉項遞增兵力加厚始准從優獎敘似此綜覈名實力戒因循將事無漫憑之虞而人具振興之志機務庶幾整飭矣竊維海軍殘缺為中國召侮之由非謀規復未從自拔雖此時艱於物力不得不姑置緩圖而總當力意講求以俟諸來日未可遂忘遠略也

一曰練偏師以資遊擊各省分防營勇數本無多設遇因警赴援則抽調既費時日而空虛尤召窺伺甚非計也宜

諸餉各省督撫詳求形勢就幅員之廣狹酌設守兵若干而另置
一軍專備徵調其餉章與防營一律惟出境則加給行糧
大省練一萬人中省練八千人小省練五千人平時訓閱
統照行軍隊操演所有資糧器械一一預儲務使周備無
少欠缺凡經奉令限以三日成行似此號召既靈庶於緩
急可恃惟是兵歸各練餉賴通籌蓋各省豐嗇不同非節
有餘以補不足斷難經久也臣詳考各國兵制推德為上
日本次之然日國因地為團德國籍民入伍實本古鄉兵
遺意今宜取亭候舊法量予變通令各州縣稽戶口之數
以出丁即計田畝之數以出餉紳任其事官督其成所需
軍火核給憑照隨時自購部勸既定然後擇優於膽畧者
為統帶通於鎗砲者為教習月數操之迨乎訓練自精則

一方之民自足守一方之土省餉無算而且分巡井里則詰奸倍資得力自衛田廬則敵愾必具同心尤勝招募萬萬雖然良法美意待賢有司而後行必牧令中有廉靜慈惠如陸隴其者方能經理曲當否則權勢紛雜驚擾閭閻民不勝其害矣

一曰勸考藝以選將材泰西將佐由學堂層累而升膽識練於童年指授承乎師法宜乎拔十得五矣若中國則囿于風氣學堂之制近年始聞議仿行然究之大加締造則費繁且具規模則功尠且應乎緩不濟急也為今之計宜就各營將弁使咸習西操即多譯外洋戰陣新書俾資參究凡鎗砲之表輿圖之學與乎守臺砲壘之宜務必逐一講

倘有充造精微深明竅要者准其自行呈報由督撫親加考驗簡拔其尤能實衆長者任以營官能專一藝者委以哨弁并令專司教演訓練成軍然後傳集校場觀其步法陣法而又分操打靶准多寡之數以示勸懲合操作軍行攻守之形以辨得失如此實事求是賞罰嚴明庶積習盡除真才自出大抵華人驍捷本勝西人因施放火器全未講習遂往往遇敵即潰今懸此為格則凡屬弁勇於鎗砲皆習見習聞將操之熟者巧自生詣之精者膽自壯以之折衝禦侮似無難矣

一曰廣設廠以充軍實各國所申軍火之禁凡鎗砲子藥非自為製造無所取資設不未雨綢繆恐孫吳之謀頗牧之勇勢將坐困也第查西國每建機廠動糜千百萬金錢呈

功雖速須費實鉅非中國所能趨步宜
諭飭各督撫認真籌畫其財力盈絀次第成之但籌得數萬金即置一機籌得十數萬金即開一局冀可同時并舉至或製鎗砲或製子藥悉從其便祇求愈推愈廣將見遞積遞多應急之策無逾於此近中國民智大啟機輪秘法傳習已不乏人而外洋流寓華民中有心靈手敏駕西人而上者倘由
朝廷優詔以鼓勵督撫重賞而招致度必奔走偕來從此工藝大興相觀而善參彼洲之成法運獨得之心思別出新裁庶操勝算矣若夫京師為根本重地尤須於附近置一鉅廠以資戰守而助聲威惟仍議復于津沽不若酌移於晉界蓋該處據山川之阻擁煤鐵之饒為建廠善地也如慮

達取攜自便其餘上海江甯湖北福建廣東等處所開之
廠雖廣狹不一而均有基可用統宜令日省月試精益求
精為各省之先導矣

奏為遵
旨敬抒管見上備甄擇恭摺仰祈
聖鑒事竊臣恭奉光緒二十六年十二月初十日
上諭著軍機大臣大學士六部九卿出使各國大臣各省督撫各
就現在情形參酌中西政要各抒所見通限兩個月詳細條
議以聞等因欽此伏讀之下欽悚難名仰見
皇太后
皇上宵旰焦勞懲前毖後咨儆百爾亶意振興
詔求嘉謨
訓詞深痛薄海臣庶感動奮發靡不涕零環球列邦共覩共聞當
亦同深欽服臣恭膺疆寄渥受

國恩值此時艱莫能補救夙夜愧憤無地自容敢不勉效一得之
愚仰備
聖明採納臣維全局至重庶政彌繁當積重難返之秋為政絃更
張之計因革損益各有所宜現或苦於人材之不敷或絀於
才力之不足而又有浮議撓之錮習蔽之雖有良法美意未
易一概施行臣權衡輕重緩急通盤籌畫其驟難興舉者貴
乎循序漸進不可操切以圖其亟須變更者又貴乎明斷力
行不為麗言所動覈其要在於熟審治法能慎始乃能圖終
探其本在於廣植眾材能得人乃能行政其餘理財講武以
次遞施因時制宜興利剔弊而成效乃可得而言也臣愚慮
所及不敢為繁重闊遠之論謹就言之易行行之易效者臚
列十條敬為我

皇上陳之

一愼號令號令國之大權臣民之所欽仰也必精審詳度計

天下實可遵行者而後毅然出之理無反汗期在必行即

視臣下奉行之勤惰以課殿最而加賞罰始可上理日臻

倘不愼之於初或發一號而窒碍多端勢將中輟或施壹

令而流弊叢出轉致長奸甚或破除積習不便貪庸羣起

撼搖多方阻格持之不堅終將廢置追號令頻更衆情疑

惑遇有善政亦且相率觀望視若具文不肯力行安能收

效現值

明詔求言內外臣工均得抒其蘊蓄行見封章交進羣策畢陳

博採兼收亟須審擇擬請

簡派明練大臣數人設立議政公所選派員司分別考核其致仕勳舊素有聲望經事較多者亦可徵置其間俱參諮議凡遇臣工條陳可採者均發交該大臣等詳加討論擇善而從從衆而定設有尚待推究事宜或發還上言者明白詳復或發交資深望重諸疆臣分條議奏內外合謀不厭精詳迨至稟

廟謨擇定而行便成不易之勢無論如何為難亦必堅持定見始終不渝臣下知其無可遷延規避自然奉行惟謹奮力圖功於是明示賞罰以鼓勵之勤者有不次之擢惰者無或貸之刑庶人知勸懲百廢不難俱舉矣

一教官吏人材登進向重正途究之釋褐之初用非所學類多關於文藝出於政事[illegible]

進日多流品益雜京員半更成胥吏外官恒藉重於幕友不但通達時務幹濟世變者百無一二即求其能稱職守了然於分所應為之事亦甚難其人似亟須有以教之擬請在京師設立課官院

簡派明達王大臣督其事由六部九卿翰詹科道各衙門精選品學敦實才識明通者入其中分延教習課以本國史學掌故政治律例以及各國約章公法一切泰西政吏各就性之所近分別門類各專其業嚴定課程考其殿最其優異者既據其所執之業而試其所宜之事其志趣遠大者或派令出洋遊歷以驗其造詣而求其精審回華之後優於獎擢並請飭下各行省分設課吏館專就吏治時務交涉等項擇要輯書發令候補人員學習按月扃考擇其達

取優等者酌予委用不過一二年間京外官吏皆知講求實在經濟臨事自易措手方今時艱日亟需才孔亟若待學校大興人材輩出之後方使之蒞官任事勢必有所不及但就現有之官吏設法造就俾皆成爲有用之材彼既無廢棄之憂則鼓勵奮興收效必速濟急之方莫先於此

一崇實學百年之計莫如樹人古今立國得人則昌作養人材實爲圖治根本查五洲各國其富强最著學校必廣人材必多中國情見勢絀急思變計興學儲才洵刻不容緩矣擬請飭將京師本有大學堂認眞整頓竭力擴充並飭下各行省厚籌經費多設學堂或仿照各國學校章程區分等次依次推廣務使僻壤窮鄉皆有庠序擇中外有裨實用之各項書籍及各國著有成效之各種學術延師講

授分門肄業但目前師資無多惟有譯書之一法最為便
捷似宜專
派大員考核各國書史其已經譯出者多刊廣布其未經譯出
者精選譯員譯成漢文壹面分咨出使各國大臣隨地購
書選譯咨送近年以來日本譯書甚多而洋人之久在中
華者亦多有譯本均可搜羅印證彙輯成編發交京外各
學堂循序肄貫以期學術壹律而免分歧並可酌聘洋員
為之教習迨所學漸有門徑再分別資遣出洋以資歷練
將見風行海內而人才不難蔚興矣
一增實科夫當世無深明大義之人故人材今不如古當世
無博達時務之人故人材中不如外然近日取士必廣求
兼通古今中外之人非但無此本末兼賅之士子恐亦無

此兼備之考官雖立法極詳勢必有所不行即勉强行之亦終於有名而無實似暫宜量爲變通舊科仍按期舉行不必一旦全廢但將各省歲科鄉試取中定額先行核減二成另增實學一科即將舊科所減之額作爲實科取中之數擬請先飭沿海各省如南北洋兩廣閩浙各督臣會同妥議條規按中西各學分門别類募考實學各省風氣不壹暫不必拘定籍貫亦不必分省限額薈萃聚考先行彷童試規模由該督臣等精選試員認真校試擇其優異者作爲附生再行覆試取中者作爲舉人再咨送禮部由禮部會同總理衙門遴調試員並奏請
簡派考官訂期會試中式者爲進士但各試雖皆以經濟時務爲重亦必須能明四子書大義及有宋諸大儒理蘊方准

取中以免趨末望本之弊成進士後一體
殿試試以時務策論不拘格式不避忌諱恭呈
御定賜以出身內用者各執所學專門分發六部觀政其深通
各國語言文字及熟諳各國政要者發交總理衙門出使
大臣差遣外用者發交各省督撫分別委用並由各堂官
使臣督撫認真察看一年期滿出具切實考語甄別不准
視為具文倘有品行不端心地難信者隨時參革舊科中
額每次遞減一成實科中額每次遞增一成以五成為度
使士子知所趨嚮爭自濯磨皆漸勉為有用之材以求奮
於功名之路迨數試之後學堂中多成材之士考官中亦
多實學之人即將舊科中五成中額壹併按照實科取士
章程辦理而實科亦必另作一途仍歸各省一律舉行如

此還漸轉移而古風不難政變矣
一重遊歷春秋戰國之世晉文之士皆不憚遠涉視爲故常
而賜秦王滕文公過宋聘問之使親貴並遣徵諸往策
至於會盟之役晏嬰鄭之諠亦以察與國之情近今泰西
不可務君親王遨遊列國尤爲習見揆其用意實與古合
擬請
簡派王公分赴外洋各國慎選留心時務之京朝官隨從遊歷
考究各國政治學術風土人情既資以廣見聞亦藉以覘
敵勢濡染既久智慧日生外洋情形均得要領回國任事
自善措施遇有交涉更無難於因應各國見我風氣日開
必斷[illegible]

橫暴乃至任意欺陵至京師各衙門人員如有情願出洋者准其報由總理衙門詳加考核察係志趣正大才堪造就者亦可在出使經費項下酌予川資遣諸外洋遊學回華後切實考詢視其所得之淺深以判優劣而定黜陟倘或親貴中有以海外風濤為慮者不妨先赴日本及通商各埠就近遊覽亦足以通知時局稍識洋情未始非成材捷速之一道

一定使例各國陵我貧弱遇有要脅惟在辦理交涉人員善為因應以免失機僨事是出使人員關繫絕重查各國使例英為最善公使一途重語交涉領事一途重惜商務雖統名為使員而其中實隱有區別凡膺出使之任者必為其政府所素信及洞悉各國情勢始可充選抵任後考究

該國風土政治一切利弊與其意嚮動靜隨時探刺據實報明本國執筆既重任用尤尚其階資遷擢率不外乎本途類由書記繙譯參贊以次遞升常有數十年不離一國亦有終其身尚膺使命者按其年限給假休息差俸仍歸有時外部缺員亦由使員內選調任用故內外情通洋務諳熟交際之間應付咸宜而本國利益在在均佔先著中國遣使向無尚逐隨帶人員尤多冗雜而任滿受代永難熟習似宜精選使才先令在總理衙門當差稍加歷練再因缺派往各國其隨帶各項要差人員均由總署在於實科登進之各司員內考取派充概不准隨意攜帶亦不准無故調換自使臣以下均以久任為主有時使臣易人而所屬各員仍可照舊供差仿照英例立限給假休息總署

等員亦分別豈言在使員中選用庶總署使員聯為一氣呼吸相通任久職耑情形透澈遇有各國事案自可算無遺策且使員得人敵情了然即有詭謀亦得預為防範該使員並可藉其牽制緩我禍機而相機聯絡以分敵國之勢其中無形之作用裨益良多

一辨名實京外各官祿入素薄每不足以贍養而經理財賦釐稅各差缺率視肥美之區委之者名為調劑任之者喜於中飽積習成風牢不可破而名實之混淆甚矣夫薪俸之獲自公家者有限而贏餘之入諸私橐者無窮推究其故習由無以養人之廉亦遂無以禁人之貪耳然此風不除終期核實雖欲振興百度力圖富強恐一法行而人皆緣法為奸利尚未興弊已先伏欲治之成其道無由似

宜將京外各官廉俸從優釐定計足以資事畜又量差缺之優絀繁簡酌定經費以資辦公其散職冗員無所事事者分別裁併節其薪俸以供挹注而經手理財不妨格外從優以杜侵蝕此外凡財賦厘稅所入涓滴之微錙銖之細亦必列爲公帑不准稍有損耗蓋明予之千金有所不吝而暗取之絲忽在所必嚴有坐贓者盡法痛懲不貸果能事事核實不但賦稅可期倍增即將來仿行各國興利致富諸法亦可期有成效綜核名實之道必當以此爲先務而理財得失關鍵將即繫於此昔原憲辭祿孔子止之聖人之用心其必不肯導人以貪也明矣蓋慮遠思深而維持者大也

一裕度支各國財政途徑紛繁大約在採礦產造鐵路與商

救追貨幣及一切生財之道凡可以利國利民者靡不竭力經營官吏提倡之保護之而又昭示大信歷久不渝上下交孚而利源日闢其稅則纂畫名目亦多人口間架以逮印花之類莫不有稅然其教民衛民並為民代謀生計實屬無微不至又事事核實推誠布公故重取於民而民不怨多為之名而民不擾近年來路礦郵政諸務中國皆已舉行而收效尚需時日非目前所能濟宜亟興商務以保利權而厚民生現各省亦多有設立商務局者不過具文無裨商務蓋由官尊商卑上下隔閡官視商為魚肉商畏官如狼虎局所雖多徒滋紛擾如欲切實整頓必須辦理商務局者掃除在官習氣使官商一體情意相通並在各商萃聚之處設立商會分舉董事經紀其間遇事聯絡

聲勢通力合作以與洋商相角遂有害則官為除之有利則官為倡之其有抑制陵虐者官為保護之其財力不逮者官為助成之辦理商務人員又須常歷各海口隨時接見諸商討論中外商務情形訪詢利病相機興革又須與出洋人員互通聲息協籌合謀始可日有起色至洋人以銀圜暢行內地而中國以實銀反復鎔鑄人享大利我受耗損所虧甚鉅流弊日深似宜照迭次議定成法通飭各商購機設局趕造銀元銀元通按庫平一兩製造小者遞減務使天下一律不得有參差攙雜之弊並可造紙幣以輔行之設官局合辦銀行以流通之其農部秋餉各款均依次改用銀幣但能辦理得法士民見信則鑄錢之提減成色銀行之出入子母紙幣之現存騰挪自可周轉不窮

[illegible]之利至各國稅重且繁欲仿行之先擬慎擇擬請
飭下出使大臣訪查各國稅章擇其裕國而不病民可以推行
中國者彙錄奏聞再發交各疆臣各就地方情形會議增
減以期行之無弊追利源漸拓庫帑日充然後因富求强
勢自順而事自易矣
一修武備各國士農工商兵均有常學而兵學尤重蓋以諸
强國犬牙交錯勢均力敵各懷吞并欲謀自保不得不競
修武備往往竭通國之全力殫數十年之經營攜千萬人
智巧以切究而精求之又互相師法兼長棄短日新月異
幾無止境故能出奇制勝美備畢臻考其兵事之根源大
都植基於學校凡軍中應用之物應有之義應知之理無
不遍一講求將皆知學士皆素練此其所以强也中國兵

事本無常學應試士子向取弓矢刀石用之今日既非所
宜而營兵之操鎗炮者又多不知運用理法將弁半起家
卒伍但憑血氣絕少謀畧斯其所以弱也似宜通飭各省
多設武備學堂廣儲將材凡中外兵法戰法天算輿地測
繪器械以及技藝工程各學均須切實講習其南北洋各
省學堂原有之生徒業經學有規模者即仿照文場實科
取士辦法酌減各省武試定額一成移作武備生徒中額
每次按成遞至增減俾天下挽強引重之士皆變為技精
畧裕之才而武試舊科亦將不廢而自廢至各省軍政必
須劃一擬請
簡派知兵大員詳定營制操法及選將募兵各條規請
旨頒發各省遵照辦理隨時特派大員分往查閱嚴定賞罰不

稍假借又宜分調各省軍營弁目按省分之大小人數之多寡以二百人至五百人為率萃聚一處遴派專員督率訓練擇武備切用學問分別教授二三年後稍有成規即遣回原省轉相授習再另調新班更番輪練各省操法自易一律遇有調發亦易收臂指相使之效至器械為士卒之衛固貴精利尤忌參差現新約將定增軍火自屬為難然既不能取資於人即當返求諸己斷不可因噎廢食似

宜

飭下向有製造各省重資募匠先講求煅煉鋼鐵各料之法再仿造機器逐漸推廣以製軍火器械考定一式俾免岐異各省需用備價購取如有粗疏等弊准由購取省分指實嚴參追回原價但能實力興辦多方獎拔華人智巧不讓

西人且華工之糊口外洋者甚多亦可設法招徠優養諮使

國家懸的以求士民聞風奔赴將見良工巧匠輻輳並進行之漸究考之愈詳必不乏精械利器以供捍衛之用惟司其事者必須慎選深通製造理法而又性情堅定不憚繁難者爲之方可提綱挈領始終經理以底於成自强之要不外是矣

一開民智中國腹省風氣未開士民囿於一隅每至寡聞尠見一遇洋人非存畏避之心即起仇視之意畏則甘受欺侮仇則激生衅端且於敵情國勢物產民風窺察無從隔膜必甚亟須啓其智慧廣其見聞始可期彼此相安兼可益民商生計伏查開民智之法各國重在報館惟中國各

報館多託洋商牌號其於中國朝章吏治應為諱飾者多
未能曲加廻護似宜通飭各省一律開設官報局報端恭
録
諭旨中間紀載京外各省政要後附各國新政近事以及農工
商礦各種學術選派公正明通委員董司其事由省局分
發外邑村鎮各處士民均得購覽並申明報律將一應外
間謠傳之説暨干犯忌諱之詞概行禁除壹以啓發民智
為主庶風氣日闢耳目日新既可利益民生並可稍息教
案
以上十條雖皆卑無高論務期切實易施敢竭愚忱恭應
明詔抑臣更有進者中國自甲午以來積弱甚矣復當大釁創
鉅痛深財絀力殫患貧患弱憂時之士咸慮不支臣獨以

爲未也在昔越王句踐困辱備嘗生聚十年卒雪大恥近世普法之戰法幾不國經營未久復抗羣雄日本一島國耳幅員不及我之三省明治維新遂成望國況我中國土地之廣人民之衆物產之饒爲萬國所不逮果能實心整頓力求富強取人之長補我所短行見事半而功效倍之

願我

皇太后

皇上競業一心恢張百度審擇要政次第敷施示天下以作新與臣民以更始行之以漸持之以恒不求近功不搖定見斯治安之理已得即強盛之效可期臣至愚極庸愧不能上分主憂下裨時局然而天良具在忠憤難忘有勉殫血誠力圖振作尤當秉遵公爾忘私實事求是

聖訓以時自儆於厥心冀可稍答
高厚生成於萬一所有遵旨敬抒管見上備甄擇緣由是否有
當謹恭摺縷晰復陳伏乞
皇太后
皇上訓聖謹
奏